できる人が続けている「先読み仕事術」

北川和恵
Kazue Kitagawa

同文館出版

はじめに――「ちょっとした先読み仕事」であなたの価値はぐんと上がる！

この本を手に取ってくださる方は、２つのタイプに分かれると思います。

「もっとステップアップがしたい」「仕事で認められたい」「さらに自分の評価を上げたい」という自分の成長を考えている方か、**「残業に追われて、自分の時間がない」「仕事って楽しくなるのか？」「先読みすれば仕事は楽になるのか？」**と、今の仕事の仕方に不安を感じている方か……。

どちらのタイプの方にも、お伝えしたいことがあります。**ちょっとした先読みで、仕事はもっともっと楽しくなって、波に乗れる**ようになります。そして波に乗るとプラスのスパイラルに入って、仕事のスピードも質もぐっと上がってくるのです。

最近、残業しないで帰れたことはありますか？

今、仕事は楽しいですか？

何のために仕事をしているのですか？

この本を読むと「ちょっとした先読みのコツ」が手に取るようにわかります。

「先読み」がとても大切なのは誰もがわかっていることですが、いざ自分の仕事となると、なかなかうまくいかない、というのが現状かもしれません。

あなたの目の前の障害は何ですか？

「先輩が5人で行なっていた仕事を、3人でこなさなければいけなくなった」

「責任ばかり重くなり、増大する仕事のプレッシャー」

「自分を理解してくれない上司」

「自分の指示通り動かない後輩や部下」

「毎日の忙しさに流されてしまう自分」

「伝えたつもりが、伝わっていなかった」

「A先輩に言われた通りに仕事をしたのに、B先輩に叱られた」

などなど、おそらく挙げていけば無数にあるでしょう。

このような問題のほとんどは、「先読み」した仕事をすることで解決できます！

なぜそう断言できるかというと、私自身が年間に１５０以上のセミナーや研修を行ない、その他の日は現場指導を行なったり、会議に参加したり、企業に入り込んでコンサルタントをしたりと、多くのビジネスパーソンたちと関わって、そのようなケースを見てきたからなのです。

なかでも「できるビジネスパーソン」と呼ばれている彼ら、彼女らは、**ちょっとの「先読み」を習慣的に行なうことで、ストレスフリーで楽しく仕事をしています。**

そのうえ、**周りからの信頼は絶大**です。

本書では、前著『「気がきく人」のスマート仕事術』（同文舘出版）の、ステップアップ編として、仕事がさらにうまく回る「ちょっとした習慣」についてお伝えしていきます。**できる人が続けている、ちょっとした習慣**を身につけることで、あなたもイキイキ輝いて仕事ができます。

では、ここから未来に投資する先読みのコツのスタートです。

1章 なぜ今、先読み仕事が必要なのか

2章 先読みレベル1 基本の徹底

3章

先読みレベル 2 時間に追われない

4章

先読みレベル3 人を育てるコミュニケーション

5章 お客様をファンにする仕事力

6章

先読み上手はキャリアビジョンを描いている

装幀：MORNING GARDEN INC.（田中正人）
表紙イラスト：MORNING GARDEN INC.（渡辺麻由子）
本文デザイン：ホリウチミホ（ニクスインク）
本文イラスト：坂木浩子（ぽるか）

1章

なぜ今、先読み仕事が必要なのか

1

成長したいと考える若手社員が伸び悩んでしまう理由とは

企業のマネージャーさんとお話をしていると、「今の若手は、指示されても思い込みのまま突っ走ってしまい、空回りしている」ということをよく聞きます。

このような言葉が出てくるには、どんな背景があるのか少し考えてみましょう。

今の若手社員は、仕事に焦っています。「親がリストラにあった」「先輩が内定取り消しになった」など、さまざまな不安要因を身近に聞いて育ったため、早くスキルを身につけたいのです。

また、不安要因のひとつに、**昔とは異なる今の時代背景**があります。

先輩は「俺たちは、先輩の背中を見て育ってきたもんだ。お前も俺の背中を見て勉強しろ！」と言うけれど、先輩たちが見せているのはパソコンに向かう背中だけで、何をやっているのか、若手社員にはさっぱりわかりません。

「うちはＯＪＴ（On the Job Training）をしっかりやっています」と会社説明会で掲げていたのに、先輩たちは忙し過ぎて、教えるよりも自分たちがやったほうが早いから、「おい（Ｏ）、邪魔だから（Ｊ）、そこに立っていろ（Ｔ）」と、つい自分でやってしまいます。これではまったく若手が育たないし、笑い話にもなりません。

先輩たちは、忙しさを理由に若手をうまく育てることができずにいます。

そして、若手は、「あれやって」「これやっといて」と、**仕事を点でしか教わっていないため、全体が見えず、受け身になってしまう**のです。


２０１２年9月25日の日経新聞に「キャリアの危機３人に１人が経験」という記事が掲載されていました。

仕事上の失敗の有無についての質問に対し、計46・４％のビジネスパーソンが、これまでに「大きな失敗をしたことがある」と回答したそうです。

そのうち８割近くが、処罰の対象や人事考課上マイナスになりうる大失敗があった、と答えていました。

それら大きな失敗の原因は「事前の準備や確認が不足していた」が44・２％と最も多く、類似の原因として「社内や取引先への『報連相』を怠った」が16・８％あがっていました。

事前の準備や確認、「報連相」はいずれも仕事の「いろは」の「い」です。

小さなことでも面倒くさがったり、忘れたりすると、対人関係のトラブルなど大きな失敗に発展してしまうのです。

このような回答結果になった背景のひとつとして、企業の構造が昔と比べ大きく変化していることが挙げられます。

今までの縦割組織から、フラット化が進み、管理職の人数が減少してきました。これにより、1人で多くの部下の面倒を見なければならなくなってしまったのです。

また、コンプライアンス（法令遵守）などが叫ばれるようになると、関連業務が増加し、事務処理も莫大に増えてしまいました。

ますます管理職への負荷がかかり、若手社員の指導・育成にまで手が回らなくなってしまっているのです。

先輩たちに仕事の基本をちゃんと教えてもらえない。でも「受け身ではなく、主体的に動け」と言う。早く一人前にならないと、自分がリストラにあうかもしれない……。

だから**成長を焦って**自分勝手な行動をしてしまったり、**失敗を恐れて**まったく動けない人が出てきたりしてしまうのは、仕方のないことです。

先輩の仕事は、今後も増えはしても減ることはないでしょう。ましてや後輩育成を足かせに思っているのであれば、あなたを手取り足取り育ててくれることは望み薄です。

あなたには無限の可能性があります。先輩も管理職も、若手を育てることが難しい時代

ですから、自分の力は自分で引出し育てていく必要があります。今、求められているのは**自律型**社員なのです。

それは、いつ自分の会社がなくなるか誰にも予測ができない世の中になり、**どこの組織にも通用する力は自分自身で学ぶ必要**が出てきたからです。

仕事にはコツがあります。コツを知らずにあなたの価値観だけで動いてしまうと、上司が求めているものとは的外れになるのです。コツを知らずにもがいても、苦しいだけですが、**ちゃんとしたコツ**を教われば、後は練習あるのみ。本書ではそのコツをしっかりお伝えしていきます。

今の時代でも、仕事をもっと面白くしたい、成長したいという方は、ぜひこの先もページをめくってみてください。

point

会社が何をしてくれるのかではなく、自分が会社に何ができるかを考える
矛盾に腹を立てるのではなく、自分の未来は自分で切り開こう！

2

今の時代だからこそ見直したい大切なこと

仕事には基本があります。上司から指示された仕事は、**上司の意図とあなたの解釈に違いがないように、きちんと内容を理解する**ことが求められます。また、**質の高い仕事**とはその仕事の本来の**目的や背景**を知り、その目的を達成することであり、そのためには**先読みして動くことが重要**なのです。

本書で言う「**先読み**」とは、**起ころうとしていることを単に予測するだけではなく、その予測に対して積極的に働きかけ、自分の未来を創ること**を意味します。

目の前の仕事だけを見るのではなく、ちょっと高い位置から仕事の全体像を眺め、この作業の先に何があるのか、そのために自分は何をするべきかを理解する、ということです。

しかし、忙しい上司や先輩から「これやって」「あれやって」と**点での作業しか指示されないため**、目先のことしか見えず、自分の仕事の意義をとらえられない方が非常に多く、先読みどころではないのが現実です。

これでは、「**この仕事を続けていても成長できないのでは……**」「**こんな雑用ばかりやっていては将来が心配だ**」など、どんどん不安だけが大きくなっていってしまいます。

そのような方は、こう考えてみてはどうでしょうか？
成長できない仕事などないのです。成長できないのは、**成長するやり方**をしていないからです。

また、仕事に「雑用」はありません。**「仕事のすべてが試されごと」**と先読みしたら、あなたはどんな行動をしますか？　周囲はあなたを試していて、わざと単調な仕事を与え、どんな工夫をするのか黙って評価していると仮定してみるのです。

例えば、皿洗いを毎日行なうのが仕事であれば、他の人より早く洗ってみせる、誰よりもピカピカに仕上げるなど、あなたには無限のやり方が見つかり、実践することができるのです。これが成長するということです。

どのような組織でも、必ず組織の中核を担う「人財」を探し求めています。人財とは、組織の材料として使われる人ではなく、**自律して真摯に仕事ができる人**、つまり、ちょっと先読みして**物事の本質**に気づける人、**今何をしておくべきか**わかる人のことなのです。

ここでは「人材」ではなく、あえて「**人財**」と記載します。**あなたは、会社の「財産」になれる人なのです！**

これは決して難しいことではありません。ちょっとの先読みの積み重ねです。

全国で数多くのビジネスパーソンとお会いしますが、皆さん多くの才能を秘めています。しかし、なかなかその才能を引き出してくれる先輩がいないのが現状です。そこで、本書では**自分でその才能、やる気を引き出すコツ**をお伝えします。

先ほど「先読み」とは自分の未来を創ること、と言いましたが、自分の将来を左右するような大きな先読みだけを指しているわけではありません。

日頃から知らず知らずの間に行なっている小さな先読みも含まれます。大小に限らず予測に対して積極的に働きかける意識が大切なのです！

日頃のちょっとした意識の積み重ねで、自身の将来のキャリアも先読みし、リーダーや管理職と同じ視座で仕事をとらえて、考え、行動、改善することができるようになります。

そうすると何のために仕事をしているのか、この先どんな未来を描きたいのかという自分の仕事への意識も明確になってくるのです。

point

「先読み」とは、起ころうとしていることを予測するだけではなく、その予測に対して積極的に働きかけ、自分の未来を創ること

3 先読み仕事ができたら どんないいことが起こる？

先にお話ししたように、「先読み」には日常、知らず知らずに行なっている小さな先読みから、自分の将来を左右する大きな先読みまで、大小さまざまなものがあります。

期間でいえば、今すぐのことから始まって、長期的なものでは、あなたの一生涯、最期の瞬間までが含まれているのです。

短期的で、日常にありふれたことを例にとって考えてみましょう。

Aさんは、仕事の進捗状況を上司にまめに報告します。**現状の進捗を報告することで、もし上司の意図とAさんの解釈にズレがあっても軌道修正する**ことができます。そんなAさんは、**ぶれのない質のいい仕事が実現**できるので高く評価されます。

またお客様とのトラブルなど、いざというときにも上司はAさんの状況を把握しているため、少し相談するだけで、すぐに助け船を出してもらえます。

Aさんは、「解釈のズレを防ぐため、まめに報告をする」という先読みをしているので、生産性の高い仕事ができます。

解釈のズレを軌道修正する

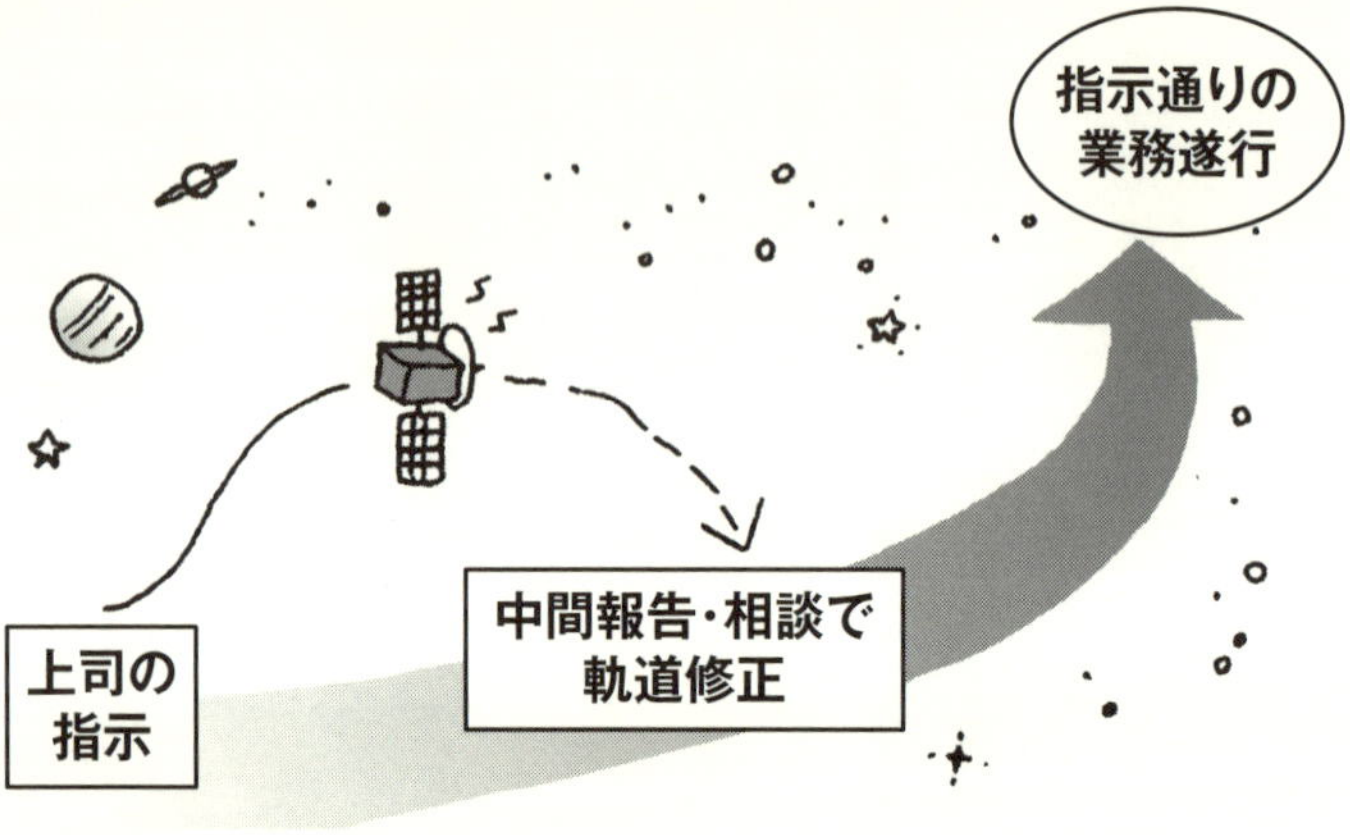

一方Bさんは、上司から「あの件、どうなっている?」と聞かれて、やっと報告します。すると「そんなことを頼んだんじゃないだろう! もう一度調べ直してくれ」など**上司の意図とBさんの解釈にズレ**があり、やり直しを命じられてしまいます。

今までかけた時間プラスやり直しの時間がかかり、生産性が低下してしまうどころか、**上司の時間も奪う**ことになりかねません。

これでは上司からの信用もなくしてしまいます。Bさんは、**後手に回る仕事の仕方**をしているのです。

この例からも、先読みした仕事をすることで生産性の高い仕事が実現でき、リスクを回避できる確率が上がり、上司の**信頼を得られ**

る＝自分の価値を上げられることがわかります。

短期の先読みを一つひとつ実現することで、長期の目標を現実のものとすることができます。

1年後、3年後、5年後の自分の姿を先読みして描いてみましょう。

1年後のありたい姿のために、今この瞬間に何を行なうべきかを先読みしておきます。だらだらとサービス残業をするのがいいのか、それとも仕事を素早く片づけて「自己啓発の時間」にあてるのか、日々の積み重ねが未来の自分を創っているのです。

考えてみれば単純なことですが、**日々の仕事に忙殺されていては、未来に投資する時間がありません。**

業務に追われるのではなく**業務をマネジメントする**ことが、今のあなたには必要なのです。

> **point**
>
> **今から未来のなりたい姿を描くことで、日々理想の自分に近づける将来は今日1日の積み重ね。先読みをして常に軌道を修正しよう！**

4

まずは、何をどうしたらいいのか？

世の中の変化のスピードは、どんどん加速しているように感じます。このように加速する世の中で、冒頭でお話ししたように今の若手社員には、上司や先輩からの十分な指導の機会が減っているにもかかわらず、早く自律型社員となることが求められています。

では、**どうすれば「指示待ち」ではなく相手の望んでいることを察し、自ら考え行動する先読みした人になれるのでしょう？**

そのためには、上司からの**指示の内容を正しく理解し、意欲的に仕事に取り組み、より効率のよい仕事の進め方を検討しながら、チームに貢献していく姿勢**が大切です。

ここからは、楽しく仕事をし、上司や会社からも評価される「できる人」が行なっているものの見方、考え方をご紹介しましょう。

〝学ぶ〟という言葉の語源は〝真似ぶ〟、つまり真似をすることですから、「できる人」の3つの共通点を真似ることから始めてみましょう。

(1)意識のアンテナを立て情報を集める

まずは**意識のアンテナを立てること**からスタートです。

古代ローマ時代の政治家ユリウス・カエサルの言葉に、「**人間ならば誰にでも、現実のすべてが見えるわけではない。多くの人は、見たいと欲する現実しか見ていない**」というものがあります。

２０００年以上もたった現代人も、相変わらず「**見たいものしか見えない。聞きたいことしか聞こえない**」のだなと実感した出来事がありました。

あるとき私は、仕事の疲れが腰に出てしまったのです。これは整骨院に行かなければと思ったのですが、いざとなるとどこに整骨院があるのかわかりません。

インターネットで調べてみると、近所に驚くほどたくさんの整骨院があるではないですか……。目的の整骨院を訪ねると、大きな看板が掲げてあります。毎日のように通っていた場所なのに、必要でないときは、看板は見えていても意識に入っていなかったのです。

職場にもたくさんの情報が溢れていますが、**自分のアンテナを高くしていないと素通りしてしまう情報は山ほどある**のです。

多くの人が集まる場所で、ガヤガヤしているのにもかかわらず、自分の名前を呼ぶ声には反応できます。自分の悪口なども耳に入りやすいと言います（これは地獄耳と言われます）。要するに、キャッチしたい情報は脳が選別してくれるのです。

怖いのは、意識をしていないと、必要な情報なのに脳が勝手に雑音として消去してしまう場合があることです。

仕事に**興味関心があれば**、おのずと**必要な情報が目から、耳から入ってくる**はずです。必要な情報が入れば、先読みして**他の人より早く行動に移す**ことも可能ですし、**意識をしていれば誰がこの情報を必要としているか**がわかりますから、素早く情報を持って行って、喜ばせることもできそうですね。

(2) 物事を俯瞰する力をつける

「できる人の真似をする、と言っても、そもそも仕事に興味関心がない人はどうすればいいのですか？」という方もいるでしょう。そんな質問をしたいというあなたは、もしかしたら今、仕事を楽しんでいないのかもしれません。それは、仕事を俯瞰できていない証拠です。

でも大丈夫。この本を読み進めていくうちに、気持ちの路線変更ができるはずです。仕事の楽しさをぜひ感じていただきたいのです。

仕事は目の前のことだけに追われるのではなく、全体を意識する「俯瞰」で周りを見ることにより、面白さや、やりがいが感じられるものです。大切なのは、**物事を俯瞰する力を磨く**ことです。仕事を俯瞰すると、自分の今やっている作業が全体のどの部分なのか、日々の仕事がどのように会社の利益につながっているのか、などさまざまなことがわかってきます。

よく「木を見て森を見ず」と言いますね。局所ばかり見ていて全体を見失ってしまうと、先のことや自分の立ち位置が見えてこないのです。

あなたは今の仕事をちゃんと俯瞰できていますか？　ここでは、目の前の出来事を俯瞰する力について考えてみましょう。

先日私が講師をした、「気がきく電話応対・来客応対のセミナー」に、製造現場の方が2名参加されました。上司に行ってこいと言われたらしいのです。

セミナー終了後に記入してもらうアンケートに書かれていた、「内容は大変よかった」という感想は共通していたことなのですが、そこに続く2人の言葉には決定的な違いがありました。

Cさんは「内容はよかったが、自分の仕事には役立たない」と書き、もう一方のDさんは「自分の職場では使用しないが、もし他部署の後輩が迷っていることがあったら、**先輩**

として指導していく立場であるから、非常に役に立った」とコメントしていました。

　こういった意識はアンケートと同じように、参加姿勢からもうかがえました。

役に立たないと記入したCさんは当初、腕を組み、足を組み、研修に「参加させられている」という態度でした。

　研修やセミナーに参加するなどの自己啓発の行動が自分の未来に投資する時間であること、現場で必要なくても、コミュニケーション能力や問題解決能力などは「どこの組織でも求められる能力」として大切であることを繰り返し伝えると、心を開いて、最後はグループディスカッションも積極的に参加してくれました。

　しかし、根本的なものの見方の差は歴然です。研修冒頭から否定的な態度で参加される方には、共通点があります。上司に無理やり行ってこいと言われ、その研修の意義や、上司の気持ちがわからない方なのです。

　こういう方によくよく話を聞いてみると、職場で上司との信頼関係がない方がほとんどです。これでは仕事も面白くないはずです。

「先輩として指導をしていく立場から、非常に役立った」と、研修の意義をわかって参加しているDさんは、すでに**会社の中核を担う人の目線で、今自分の置かれている立場を、俯瞰**して見ることができています。この俯瞰した見方が本書で言う**先読み目線**です。

Dさんは、さらにグループ討議の中で「現場が忙しいのに、参加させてくれた上司に感謝している」とも話していました。

研修での情報量は皆同じです。しかし、参加する際の気持ちの持ちようや、考え方の違い、目的をしっかり持って参加しているかどうかなど、先読み目線を持っているかいないかで持ち帰ることができる**情報の量は大きく違ってくる**のです。

(3)自ら行動する

先読みする意識で仕事を俯瞰して、自分の期待されている役割や改善点に気づけたら、次のステップは**行動に移す**ことです。ここでは、**気づいて行動する力**について考えてみましょう。

最近、気づける人が少なくなったという上司の嘆きを耳にしますが、現場を見ていると「気づいている」若手はけっこういるのです。彼らは頭の回転が速く、何をするべきかわかっています。

しかし、**失敗を恐れて、行動に移せない**という方が多いのです。そのような方には**「失敗を恐れて小さな器になるな！」**と伝えます。

私たちは失敗から多くのことを学びます。もちろん、失敗したときはグサーッときます。しかし、**失敗から学ぶ**ことで**意識や行動が変わる**のです。

私は仕事柄、企業のトップの方とお酒を飲む機会がありますが、酔いが回ると「あのとき、こんなことやらかして」「僕もやりましたよ、もっとすごいことしでかしました」と失敗自慢大会が始まったりします。

もちろん「同じ失敗は繰り返さない」が前提ですが、自ら行動し、失敗する経験をしたから、後輩や部下の気持ちに共感できるようになります。失敗が大きな転機になっているのです。

point

すべてを俯瞰し意識のアンテナを立てることで、周りの情報は宝物になり、仕事はもっと面白くなる！恐れずに、まず行動してみると、その一歩が自信となり、道が開ける

2章

先読みレベル1

基本の徹底

1

あなたは、周囲の人から見られている

社会人であるあなたは、常に周囲の人から見られています。上司、お客様、先輩、同僚、後輩が、あなたのことを見ています。

今から、「上司目線」であなたがどのように見えているか考えてみましょう。上司がどんなことを考えていて、何を不安に感じるのかを知ることで、そうさせないように先読みすることができます。上司の「見る」は、**「視る」と「診る」**です。上司は常にあなたを、注視、看視（視る）し、診断、評価（診る）しています。

「見張られているみたいで嫌だな」と思う人もいるかもしれませんが、組織を管理している以上、上司が部下を「看視（注意して見守る）したり」「診たり」（診断、評価）するのは当たり前のことであり、それをしない上司は、部下を正しく評価できていないのです。

では、常に見られているあなたはどのように振る舞えばよいのでしょうか。

上司から「視られている」（注視、看視）ことと「診られている」（診断、評価）ことを意識し、自分の長所を見てもらおうと自分をアピールすることが大切なのです。

とは言っても、点数稼ぎの上辺だけのアピールをして、腹の中では舌を出しているような態度はNGです。上司の点数は稼げても、あなたは同僚や後輩からも見られているのですから、組織の中での評価をいずれ落とすことになってしまいます。

最近の若手には、「他人を押しのけて自分をアピールするのは苦手で……」とか、「本当に自分をわかってもらえないのなら、別に無理はしたくない」という人が多いようです。

あなたが正当な方法で成果を上げたのなら、上司やチームメンバーに披露することは必要なことなのです。先読みができていれば、それが最終的には会社の利益につながる、ということに気づけるでしょう。

例えば、あなたの成功例を実践することで、誰でも同じ結果が出せるとします。チームメンバーが10人いるとして、その方法を全員で共有して試したら、チーム全体で10倍の成果を生むことになるのです。

組織にとってプラスになる、よい意見を持っているのに周りの目を気にし過ぎて意見や行動をオープンにしないのは、組織にとってマイナスになってしまいます。

point

正しい自己主張は、組織にとって非常に重要
常にあなたは、注視、看視（視る）され、診断、評価（診る）されている

2

上司目線で不安になること①
――印象管理ができていない

あなたは、ちょっとした見た目で上司を不安にさせたことはないですか？　また、あなたが育成している後輩は周囲に不安を与えていませんか？

人は自分と違う見た目のものには警戒心を抱きます。

人間以外の動物も、群れの中に見慣れない動物が来ると、逃げたり、排除や攻撃を始めます。警戒する際、動物は五感を働かせますが、嗅覚が弱くなった人間は特に目からの情報に頼ります。

つまり人間にとって見た目は大きな判断材料になるわけですが、例えば年配の先輩が多い職場で身だしなみが今どき過ぎると、排除したい気持ちが生まれ、相手からの攻撃にあう可能性が高くなる、と思っておいてほしいのです。

身だしなみは簡単な例ですが、そのほかにもこんなことを考えてみましょう。

Q：あなたや後輩は仕事中、時間を見るために時計の代わりに携帯電話をのぞいていませんか？

Q：上司はあなたや後輩に、どんな印象を持っているか考えたことがありますか？
Q：朝一番でどんな挨拶をしていますか？

最近、先輩から多く出てくる若手の困った行動の中に、「私用の携帯電話をしきりにのぞいていて仕事に集中していない。あいつはメールのチェックばかりしている！」というものがありました。本人たちに聞いてみると、時間を見ていたのです。

こんな誤解を受けるということは、間違った評価をされているわけです。**印象は日々の言動の積み重ね**ですので、誤解をされるのはその前にも上司を不安にさせることがあったのかもしれません。

最初についた印象は非常に重要で、後々までその印象が尾を引くことを**「初頭効果」**と言います。

例えば喫茶店に入ったときに、笑顔で挨拶があり、感じよく案内されて席についたら、その店に対してプラスの印象を持ちます。

この後コーヒーが10分来なくても「きっと忙しいのだろうな、お客さんにも人気がありそうだ」とか「きっと豆から挽いているに違いない」とプラスに考え、コーヒーを飲んだときに「やはり挽きたてはおいしい」と、実際は挽いていなかったとしても、おいしく感じるものです。

反対に、お店に入ったら店員さんが業務連絡をしていてこちらに気づかず、どうしようと不安になった頃に、やっと気づいて「今忙しいのに、何しに来たのよ」という目つきで「どうぞ!」と面倒くさそうに案内したらどうでしょう? その後10分もコーヒーが出て来なかったら、「もう帰りたい」という気持ちになるはずです。そして「きっとまた店員同士で話しているに違いない。私のコーヒーはカウンターに置きっぱなしで、冷めているに違いない」と考えるのではないでしょうか。

こういうときは、運ばれて来たコーヒーに口をつけると、ぬるく感じるものです。

最初の印象が悪いと、減点される一方なのです。

初頭効果はシールのように、ぺたりと貼られてしまいます。ビール瓶についているブランドのラベルと同じです。よいシールであればいいのですが、悪いシールを剥がすには、時間がかかります。

でも心配はいりません。あなたには気づける力があるのです。**意識して自分を俯瞰すれば、印象は変えられます。**悪いシールを剥がさなくとも、上からよいシールを貼ることは難しいことではありません。今日から自分ブランドを磨いてみましょう。

呼ばれたら「はい！」と、やる気のある声で返事をして、すぐに上司のそばに行き、メモを取りながら復唱して「すぐに対応します」と言うのか、パソコンに顔を向けたまま「後でやります」と面倒くさそうに答えるのかで、印象に大きな違いが出てきます。

挨拶も、周りの人を元気にするような挨拶ができるのか、したつもりでも皆に聞こえていないのか、で印象の差は歴然です。

上司が、自分が見ていないときの部下の姿を想像して「きっと現場でもお客様に頼られているのだろう」と思うのか、「ここで挨拶できないのであれば、お客様の前でもできていないのかもしれない」と不安に思うのかで、大きくあなたの評価に差がつくのです。

自分の身だしなみや行動が、上司にどんな印象を与えるか、まで先読みできることが、自分の会社での評価につながる、という意識を持ちましょう。

point

上司との信頼関係を構築するための第一歩は、印象管理
あなたの印象は上司から見て安心できますか？

3

上司目線で不安になること②
——社会人としての基本ができていない

社会人としてのマナーやコミュニケーションなど、基本的なことが身についているかどうかは、その人が育ってきた環境に大きく影響しています。

これができていないと上司は、そんな基本的なことまで会社が教えなければならないのか、と不安に思うものです。

あなたや後輩が大きく成長していくために、社会人としての基本が土台となることは間違いありません。「自分も問題があるかも」と思う方は、できるだけ早いうちに身につけるようにしましょう。上司を不安にさせないことも、先読みのひとつなのです。

マネージャーの立場の方が「社会人としての基本ができていない」と感じて不安になることとして私がよく聞くのは次の２つです。

後輩に指導をする立場の方は、育成の視点から、原因を見つけて指導に役立つように考えてみてください。

(1)同じ失敗を繰り返す

失敗から学ぶことは大切です。しかし同じ失敗を繰り返すと、上司はやる気がないと判断し、仕事を任せても大丈夫だろうか、と不安になります。まずは失敗の原因を探って、どうしたら失敗を未然に防げるか、対策を練りましょう。

人によってミスの原因はさまざまですので、ここでは多い例を３つ挙げます。

・悩みがある

悩みがあると、集中できずミスを繰り返してしまいます。仕事のときはプロ意識を持って自分をコントロールし、集中することが求められます。

仕事での悩みは、１人で悩まず周囲に相談しましょう。プライベートなことは仕事に持ち込まないのは当たり前のことですが、いずれにしてもミスをして、自分の生産性が下がると周りの人にも迷惑がかかる、ということを認識しましょう。

・その仕事の意義がわかっていない

例えば営業職であれば、外回りをしてお客様との時間を多く持つことが一番大切で、社内での事務仕事は二の次と考えてしまい、書類のチェックミスを繰り返したりする人が出てきます。

いくら数字を上げていても、事務処理でミスが多いのであれば優秀な営業とは言えません。事務処理でミスがあると次の工程の人に迷惑がかかってしまうからです。ましてや上司がチェックするたびに間違いを見つけるのであれば、あなたの価値は下がっているはずです。

・能力不足

自分の能力がその仕事に追いついていなければミスが起こります。これにはスキルを上げるための対策が必要です。上司と相談しながら工程を細かくチェックして、どの部分のスキルが足りないのかを洗い出し、再度やり方の指導を受けましょう。

失敗をすると落ち込み、意識や行動を変えられるはずですが、失敗しても「ま、いいか」と思っていると、いつまでたっても学ぶことはできません。

自分のミスをまず記録してみましょう。どんなときに失敗してしまったのか、原因は何か、どうしたらミスを防ぐことができるのか……。いつもの仕事を俯瞰し、自分の仕事全体のどの部分でミスをしてしまうことが多いのか、客観的に検証しましょう。

私はノートに書き出して整理することをお勧めします。気づいていなかった、自分の能力の足りない部分に気づけたり、自分のミスが他の人の作業にどう影響するのかが見えてくる可能性が高くなるからです。

この作業は1人で行なってもかまいませんが、ときどき先輩に見てもらって、指導を受けるのも一案です。自分では気づかないことに気づかせてもらえます。また、先輩に見てもらうことで、あなたの頑張りもさりげなく伝えることができそうですね。

さらにこの記録は自分のためだけではなく、後輩指導にも一役買います。後輩指導には、「なぜ、ここでミスを繰り返すのか」を分析して原因を突き止め、どうしたら改善できるのかをアドバイスすることが大切です。自身の失敗を記録することで、指導するときのポイントがわかるようになってきます。

(2) 頼んだ書類を期限までに持ってこない

仕事をする上で、期限は必ず守らなければなりません。それができていないと、上司は「社会人としての基本」が身についていないと判断します。

仕事は、自分1人でしているのではありません。あなたが書類作成を頼まれた場合、それをもとに動かなければいけない人が、あなたの後ろで待っています。そのまた背後にもたくさんの人が待っている可能性もあります。

1人の遅れが全員を待たせることになり、ドミノ倒しのように生産性を下げてしまう……。目の前の書類だけを見つめるのではなく、その先にある工程まで先読みをしたら、期限を守らなければ多くの人に迷惑がかかることに気づくでしょう。

私は仕事柄、たくさんの方の研修報告書を拝見する機会がありますが、期限ぎりぎりに提出する方に限って内容が薄い、という共通点があります。特にこういった書類などは、気持ちが熱いうちに提出するのもコツのひとつなのです。

なぜならば、記憶も新しく、忘れないうちに熱い気持ちをそのまま表現できるからです。研修は後ろで上司が見ているわけではありませんが、頑張った姿を表現できているのは、たいてい早く提出する方です。しかもそういう方は、職場でも必要な書類を早く提出する習慣がついていて上司からの信頼も厚いのです。

point

あなたは自分のミスがもたらす弊害を考えたことがありますか?
次の人の仕事の期限も考えて、仕事をしたことがありますか?
あなたが上司だったら、どんな部下に重要な仕事を任せたいですか?

4

上司目線で不安になること③
——若いのに意欲が感じられない

入社後間もない若い方は、仕事の経験不足を「やる気」でカバーする必要があります。経験も少ないうえに仕事への意欲も見えない……では上司が不安になってしまいます。「実力あっても表現せねばなしに同じ」という言葉があります。一所懸命やっているつもりなのに、やる気がないように思われていたら大変です。

ここでは上司が見たときに「やる気がない」「意欲がない」と感じる言動をいくつかご紹介します。自分に当てはまるものを探して、上司の立場で見つめ直してみましょう。

(1)「あれどうなっている?」と聞かないと報告がない

「あれどうなった?」「どこまで進んでいる?」と、細かい上司は聞いてきます。ということは、この上司を安心させるためには、聞かれてから答えるのでは遅いのです。

相手の不安を払拭し、将来の信頼につながるような安心の貯金をするのだったら、言われる前に、こちらから進捗を報告したいですね。先読みできる人は、上司のタイプをよく観察しています。

異動してきた上司は以前の上司に比べて「今、どうなっている?」という質問が多いな、と感じたとき、「いちいち聞いてくるなよ〜、面倒だな」と思って返答していると、必ず表情や態度に出ているはずです。

相手は敏感に感じています。ましてや異動してきたばかりの上司であれば、前の部下と比べています。新しい職場の部下を把握するために、触覚もぴんと伸びているのです。

これはチャンスと思って「きっと現場の情報を知りたいのだな、心配性のタイプだな」と、先読みして、聞かれる前に進捗を説明しておきましょう。そうすることで、相手の持つ印象がまったく変わってきます。

(2) 返事がない

マナー研修では、返事の徹底をします。なぜならば、返事がないと相手に「不」を抱かせるからです。不満足・不安・不親切など、「不」を感じさせているのです。

本人にしてみれば「返事をしているつもり」です。しかし、ビジネスでは相手に伝わらないと意味をなしません。

わかっていても、「はい! 確かに承りました」と相手に届く声で返事が伝わっていなければ、わかっていないのではないか? やる気がないのでは? と思われるのです。

また、**小さな声だと損をします**。なぜなら**自信がないように聞こえる**からです。

昔から「会議は声の大きい人の意見が通る」と言われています。小さい声だと上司は「お前大丈夫か?」「この仕事への意欲がないのか?」と心配になるのです。

「返事くらいしろよ!」と上司から言われると、「そんなに大声で返事しなくてもいいだろう」と感じます。しかしこのときの上司の言葉には「お客様の前でも返事ができていないのではないのか? 心配だ……」「はい! と返してもらわないと本当にわかったのか不安なんだよ……」というメッセージが隠されているのです。

(3) 何度も同じことを聞いてくる

相談とはつまり先輩の知恵を借りることです。相談や質問は自分の成長のためにも、どんどんするべきです。個々の成長がチームの成長ですから、上司としては大歓迎です。自分の時間を割いても相談に乗ってくれるでしょう。

ただ、何回も同じ質問をされると「やる気あるの?」と上司は不安になるのです。

何度も同じ質問をする人には、共通のパターンがあります。

ひとつは**メモを取らない**ため、その場ではできても、次回同じことが起きたときには忘れてしまうパターン。

もうひとつは一所懸命**メモしたのに、次のシーンではメモの内容がすぐに取り出せず、**結局はまた聞く羽目になるパターンです。

私たち人間は忘れる生き物です。「エビングハウスの忘却曲線」で有名なドイツの心理学者、ヘルマン・エビングハウスは「人間は記憶したことを1時間後には56％忘れてしまい、1日経つと74％忘れてしまう」という実験結果を発表しています。

「忘れる」という漢字を分解すると「亡」と「心」になります。心亡くしたときに忘れやすいのです。心亡くすときとはそう、「忙しい」ときです。

先輩や上司は、教えた、ということを覚えていますが、仕事を覚えることに忙しい若手はつい丸投げで聞いてしまいます。このとき上司には「これ、この前教えたばかりなのに……やる気あるのか？」と思われています。

情報も整理整頓をすることが大切です。整理とは、いらないものを捨てること。整頓はきれいにすることではなく、取り出しやすくすることです。例えばこんな方法はいかがでしょうか？

大学ノートを見開きにして、先輩・上司に質問した内容を左側に記載します。

右側にはその質問に対する先輩のアドバイスや、例えばお客様からの電話に自分で対応できずに先輩・上司に代わってもらったのであれば、会話の内容を記載しておきます。

ノートで情報を整理整頓

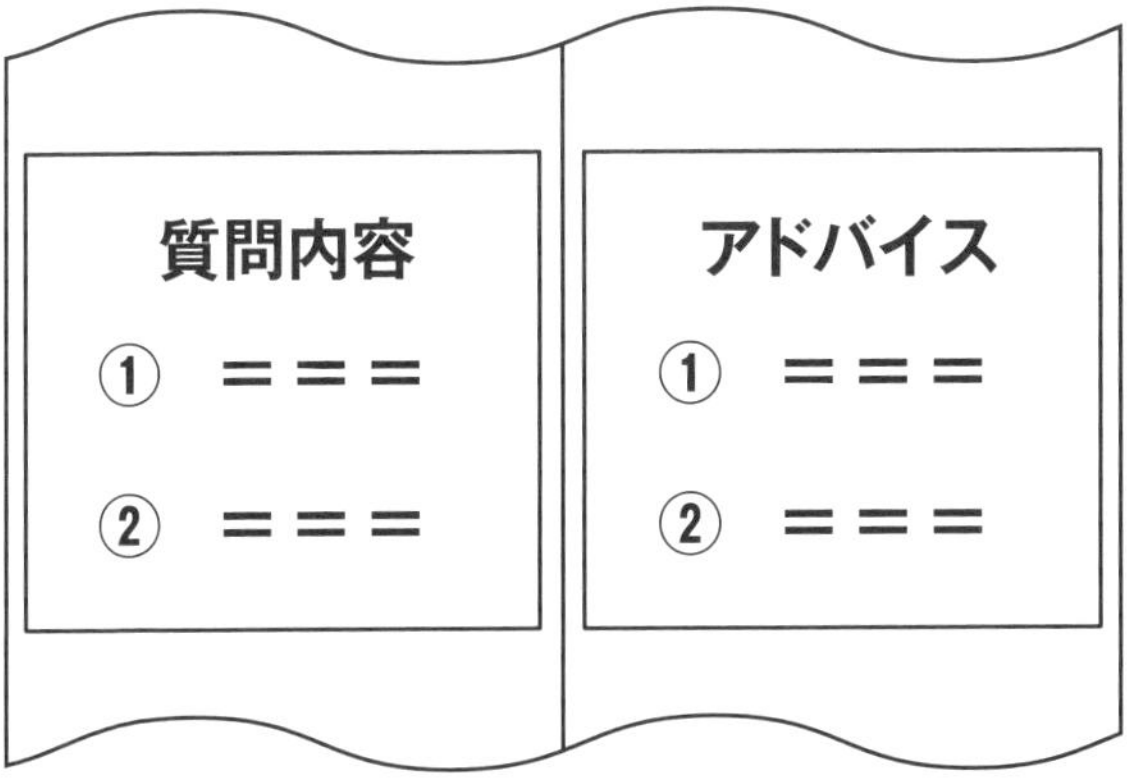

　こうしておけば、お客様から違う角度で質問されたときには「先輩、先日はこの質問にこのように、お答えいただきましたが、違うお客様からこのような質問が来たのですが、この場合はどうしたらよいでしょうか?」というやる気のある質問ができるのです。

　この方法を実践している方の上司は「C君は今まで同じ質問をしたことがないのです。彼は優秀です」と褒めています。

　さらにこのノートを先輩や上司に見せることで、もう一段上のやり方を教えてもらうことができます。ここがこの仕事のカギ！　ということを知っているのと、知らないのとでは、仕事の効率が違ってきます。

(4) 話を聞いていない

話を聞いていないと相手に思われる要因は、2つあります。ひとつは「伝えたつもりが伝わっていなかった」場合。もうひとつは「聞く態度がなっていない」場合です。

自分が上司の立場になって考えてみるとわかると思いますが、このどちらの場合も「やる気あるのかな？」と思わせてしまいます。

「伝えたつもりが伝わっていない」のは、お互いに反省の余地がありますが、上司が伝えたつもりなのであれば、あなたがフォローする気持ちでいたほうがよさそうです。

ポイントは上司の意図を汲み取ることです。上司は勝手に自分の思いの枠で判断します。つまり、このくらいの反応が返ってくるだろうとか、このくらいの結果は出してくれるだろうと心の中で期待しています。

あなたの行動が、その期待以下の結果だと不満足なのです。ということは、上司の期待を先読みすることが大切です。

上司の言ったことと、あなたの解釈にズレが無いか、その場で要約をしてみましょう。

「今回の～は～する、ということですね」「ポイントは3点、○○と□□と△△ですね」と、確認することでズレが無くなり、「俺の話を聞いていない」ということもなくなります。

さらに「こんなやり方でやれと言っていない。やり直し！」という二度手間もなくなります。先読みできる人は少しの手間を投資と考えているのです。

もっと上を行く人は日頃から、上司の役割や立場を理解するために、興味関心を持って上司を観察しています。

昔はメールなど無かったので、部下は上司が電話などで大声でやり取りをしているのを聞いていました。しかし、今では電話よりメールに頼ることが多く、上司が今何を行なっているのか、わかりづらくなっています。

その分、昔以上に上司を理解しようと努力して観察することが求められています。意識して観察すると上司の大変さもわかり、何を言わんとしているか察しがつきます。

もう一方の「聞く態度がなっていない」は、すぐに改めないと上司だけではなく、周りからの評価も下げてしまいます。

私は仕事柄、トップ営業とお仕事をする機会も多いですが、「聞く態度」に彼ら、彼女らの数字を上げるコツがあります。

数字を上げられる＝ファンの数が多い、ということです。彼らは製品を売る前に自分を売っています。聞くことはコミュニケーションのツールです。聞き方次第で、相手と良好なコミュニケーションを築けるのです。上司とのコミュニケーションも同じです。

彼らの聞く態度の共通点を3つご紹介します。

・椅子の背に背中をつけず、拳2つ分くらい空けている

ちょっとしたことですが売れる営業と売れない営業の違いは、ここを見ればわかります。どっかりと椅子にすべての体重を預けている営業は、立ち上がるのが遅いのです。背もたれから拳2つ分空けて座っている営業は打ち合わせの席でも「では、すぐにご用意します！」と言った瞬間にもう立ち上がっているので、非常にやる気を感じます。

・傾聴姿勢で聴く

傾聴姿勢とは相手に体を傾けて、相手の気持ちに共感しながら聴くことです。トップ営業といわれる方たちは、皆この姿勢で相手の話を聴きます。

ここでの漢字を「聞く」から「聴く」にしましたが、「聞く」はBGMを聞く、「聴く」は意識して「大きな耳」と「目」と「心」で聴くことなのです。

まずは相手に体を向けることから始めましょう。「腹を割って話す」というように、相手にお腹を見せるように体を向け、次に前傾します。

リピート率90％以上の東京ディズニーランドのキャスト（スタッフ）は、ゲスト（来場客）と話すとき、必ず前傾姿勢を取ります。前傾して体を近づけることは、相手に興味関心を持っていることを表わすのです。

相手に体を向けたら、次は上司の話を身を乗り出して聴きましょう。そして、タイミングよく頷きましょう。これだけで上司は、よく聴いている、と思ってくれます。

・メモをして復唱、要約をする

ここまでできれば、完璧です。メモを取りながら、「○○ですね」「なるほど～」などの相槌ができたら、さらに上の対応です。

椅子に浅く座り、メモを取りながら傾聴姿勢で上司の話を聴く、相手に与える印象を先読みして、早速この「聴く態度」を試してみましょう。

point

自分の価値を下げる対応をしていませんか？
相手を知ろうという意識がなければ、上辺の話しか聞くことはできません

5

上司目線で不安になること④
——経験（社歴）に応じた成長がみられない

入社して3～5年たったビジネスパーソンの新入社員のような言動も、上司を不安にさせます。経験とともにキャリアを積み、成長し続けることも、上司の信頼を得るための「先読み」なのです。

左ページのグラフのように、社会人の土台となる基本は、一生あなたについてきます。一般的に入社当初は、仕事への熱意はありますがスキルが身についていません。経験を積むごとにスキルは上昇していく一方、熱意は下降傾向となります。しかし、35歳くらいからスキルが熱意の下降を補っていきます。

もし、スキルが経験に伴う右肩上がりになっていなければ、今の仕事習慣を変えないと成長が止まるどころか、社会人としての能力が下がる可能性があります。企業で望まれる人財は、上昇し続けてきたスキルと、低下し始めた熱意が逆転する35歳を過ぎ、50歳になっても仕事に対する熱意を失わない人です。そのような人は、より右肩上がりの成長線を描きます。

これが、よく「35歳がキャリアの分かれ目」と言われる理由だと私は思っています。

熱意とスキル

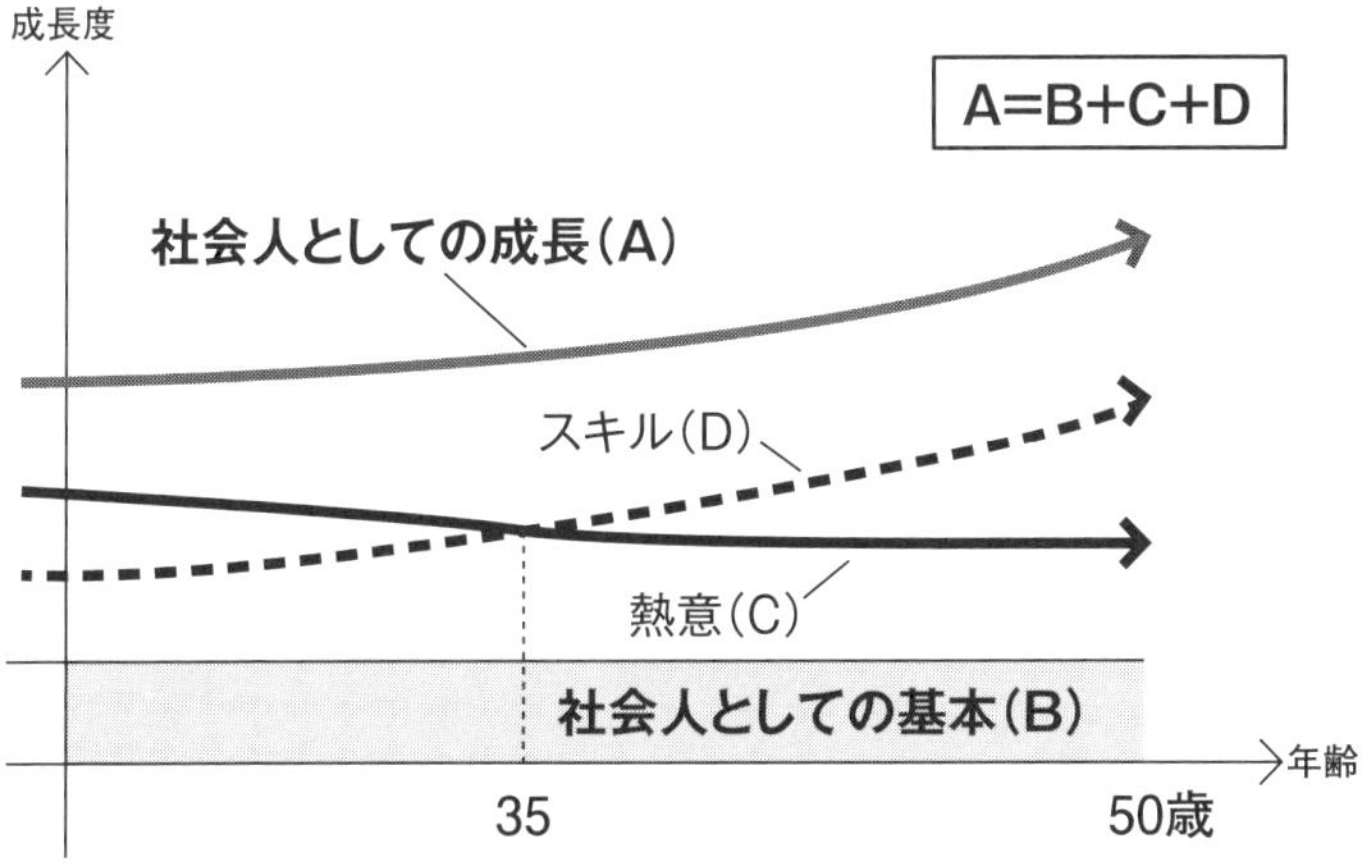

ここでは、上司から見て「経験に伴ってスキルの向上がない」と判断されてしまう理由と、「どうしたら改善できるのか」を見ていきましょう。

⑴目の前の自分の仕事の枠内しか見ておらず、気がきかない

今、仕事がつまらないと言う人はたいていが目の前の自分の仕事しか見えない状態になってしまっている方です。

会社で一番仕事が面白いのは社長です。こうしたい！　という絵が一番見えているからです。ジグソーパズルの全体像がはっきりとわかるので、ピースをはめるのが面白くてわくわくしています。

一方若手は「このピースをここに置け」「そ

れはそこに置いておけ」と1ピースずつしか見えていません。ただ置かされているだけ……
これでは仕事の面白さは見えないのです。

仕事はパズルと同じです。目的という大きな絵が描かれて、みんなで協力しながらピースを集め、はめていくのです。

もし、あなたが完成予想図を知らなかったら、言われたピースだけを上司のところに持って行って「おい、目の前に次につながるピースがあっただろう、まったく気がきかないな！」となってしまいます。これは若手だけでなく中堅社員の方でも陥ることです。

これでは、そのつど1ピースずつしか埋まらず、大変な時間のロスになります。全員が会社の方針（完成図）を頭に描けていたら、仕事はもっと楽しく早く片がつくのです。

あなたは上司が指示した目的（完成予想図）を、毎回しっかりと腹に落としているでしょうか？　指示されたときに目的がわからなければ質問しましょう。

目の前の仕事を片づけていくだけでは、そのときに身につくスキルも1回限りのもので、次に似たような仕事が回ってきたときには忘れてしまっていますが、仕事の完成図を俯瞰し、先読みしながら作業をすることでスキルが積み重なり、次に同じような仕事が発生したときに、経験を活かせるのです。

(2)根拠のない自信を持っている

自信を持つことはいいことです。しかし、自信とは、自分を信じることができるまでやったときにつくものだと、私は思うのです。

昨今、上司のアドバイスを聴かずに、突っ走ってしまう方が多いようです。そのやり方ではまずい、と上司が言っているのに信用していないのです。

そしていざ失敗すると上司は「それ、見たことか」とあきれ顔。しかし、彼はまた上司の忠告を無視して先走ることを繰り返します。これでは、「何度言っても聞く耳を持たない、成長しないやつだな」と思われてしまいます。

社会人になってからの経験は、人生の中で大きな成長の糧になります。昔と違って兄弟も少なく、近所の方からも叱られていない若手が増えました。褒められて育った年代ですから、「自分はできるのだ！」という方も多いのです。

しかし、仕事を頼むと「え!? 何でこんな結果？」という方が多いのも事実。気をきかせてくれたつもりが逆走している場合もあります。

回覧してはいけない書類を、確認なしに全員に配ってしまったり、「このままでは目標数字に届かないだろう。やり方を変えてみてはどうか？」という上司のアドバイスに「いや、できます」と根拠のない回答が返ってきたりと、上司の目線ではわかりきったことに気づかない若手が多くなっています。

確認を怠ったり、根拠のない自信を持つことは上司が不安になるのだ、ということを先読みし、上司からのアドバイスに聴く耳を持つことも大切なことです。

(3)これくらいわかるだろう……ということができない

先ほども述べましたが、上司の意図と部下の解釈が違う、と感じたときに上司は不安になります。指示を受けるときに、しっかりと確認することが大切です。

メモをすることはもちろんですが、しっかりと復唱し、上司の指示に5W2Hのモレがあったら、こちらから質問しましょう。

5W2Hとは、

Why……なぜ？（目的や背景を明確にする）
What……何を？（仕事内容や、依頼内容を明確にする）
When……いつ？（時間や期限などを明確にする）
Who……誰が？（誰が行なうのか、誰と行なうのか、相手先などを明確にする）
Where……どこで？（場所を明確にする）
How……どうやって？（手段や方法を明確にする）

How much……いくら？（費用を明確にする）

のことです。上司は伝えたつもりになりやすいですから、こちらが先読みして、５Ｗ２Ｈにヌケ・モレがあれば確認します。

さらに、わからないことはその場で質問をして明確に指示を受けるようにします。

わかったふりをして仕事を進める人ほど、進捗をこまめに報告するような先読みができない人です。すると軌道修正ができないまま完成し、「こんなこと言ったんじゃない、やり直し」となり、いつもやり直しばかりで成長しないな、と思われてしまうのです。

「わからない」とは言いづらいものですが、自分勝手に判断されてやり直しになるより、その場で潔く「教えてください」と言われたほうが、上司は何倍も助かります。

上司はわからないことに対して不安になるのではなく、勝手な判断で出した残念な結果に不安になるのです。

(4) 自分の意見を持っていない

言われたことを言われたまま受け身で仕事をしていると、自分の意見が持てなくなります。そればかりか仕事の面白さがわからないままです。

これでは、いつまでたっても自分の意見を持たず、言われたことしかできない、成長しない人物だ、と思われてしまいます。
なぜ、これはこうなるのか、先輩のやり方はこうだが、もっといい方法はないのか？
など興味を持ちだすと、そこから仕事のやりがいが見えてきたりするものです。この積み重ねで自分の考えや意見が持てるようになっていきます。
また、相談や報告をする際も自分の意見を持って上司のもとへ行くことをお勧めします。なぜならば、上司は現場に近いあなたの意見を聴きたいのです。

現場を一番知っているのは最前線にいる若手です。現場のことを考えて上司に反論したいこともあるはずです。

対立を避けて意見を言わないという人もいるかもしれませんが、会社の目的はお客様に喜んでいただき、利益を上げることですから、自分の意見はしっかりと伝えたいところです。伝え方に工夫をすればいいのです。

上司に上手に自分の意見を言うには、質問形式で進めていくのがコツです。
「お客様の要望をまとめますと～ですので、～することも必要と考えますが、いかがでしょうか？」と上司が判断しやすいように、話を質問形式で誘導しましょう。

すると上司が、「なるほど～それはそうだな」と、自分の意見に賛同してくれやすくなるはずです。

上司に「あなたは現場を知らないくせに」などと言うのはご法度。相手が心のドアを閉めてしまいます。目的は上司と対立することではなく、上司と創造し合って、よりよい結果を出すことです。

(5)優先順位をわかっていない

あなたの仕事は多岐にわたり、１日にこなさなければいけない仕事がたくさんあるかもしれません。そんなときは、次のページのマトリックス図で整理してみましょう。まず大切なのは、仕事の重要度を考えることです。

ＡとＤが重要度の高い仕事です。もしクレームがあれば、いの一番に着手しなければいけません。クレームは重要度が最も高く緊急を要します。

納期が迫っている仕事も早めに取り組みましょう。納期は絶対です。

しかし、ここで気をつけなければいけないことは、緊急ではないけれど重要度の高い仕事、Ｄです。

Ｄはついつい、明日でもいいや……と伸び伸びになってしまいがちですが、仕事の生産性を上げるためには欠かせないものなのです。

クレームの多い部署のマネージャーさんの仕事の仕方を調査すると、Ｄの時間を取ら

重要度・緊急度

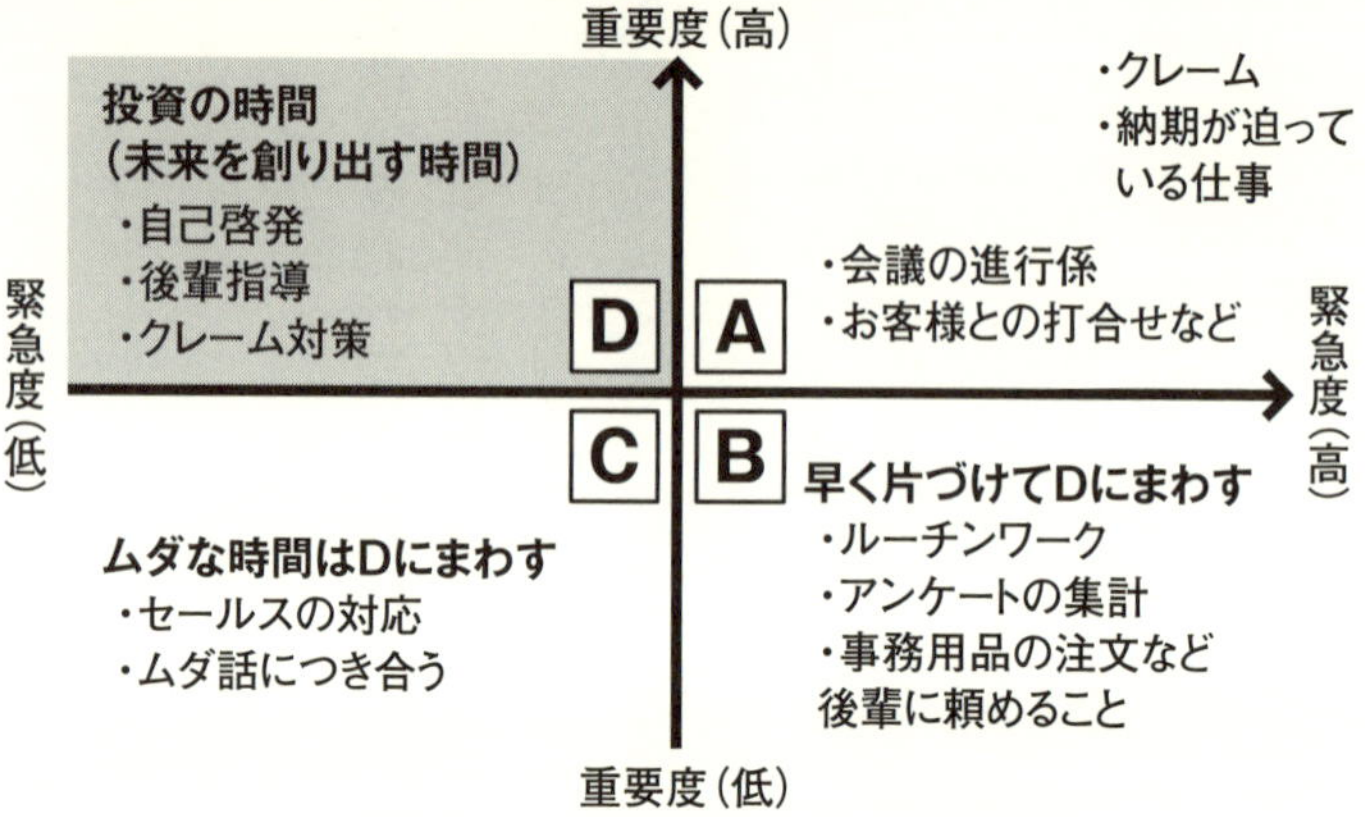

ず、Bの仕事を自分で抱え込んでいる方が多いです。Bは後輩に任せる仕事です。

こういう方に「なぜ、部下に任せないのですか？」と質問すると「これは教えていないので私しかできないのです」とおっしゃいます。そう、Dの時間を取らず、部下育成をしていないのです。

このマネージャーのチームは、同じクレームを繰り返していました。そのたびにマネージャーが現場に駆けつけ処理をします。すると、さらに投資の時間が取れなくなり、負のスパイラルへ入っていきます。

できる人は必ずDの時間をあらかじめスケジュールに入れておきます。

Dの投資の時間は自己啓発や後輩指導、クレームを未然に防ぐための対策を練る時間、未来を創る時間であり、先読みをする時間なのです。

仕事を俯瞰し、先読みの意識ができるようになったあなたには、自分中心の優先順位ではなく、相手目線で考えてほしいです。

もしあなたの上司がBの仕事をしていたら「私がやっておきます」と声をかけましょう。困っているときほど、あなたのフォローが相手の心に大きな「安心・信頼の貯金」をします。

上司はいちいち言わないですが、自分が頼んだ仕事を、真っ先に終わらせてくれる部下がかわいいものです。これも安心・信頼の貯金ですから、上司は心にとどめていて何かあったらお返しをしようと考えているものなのです。

point

根拠のない自信で周囲の人の話が耳に届いていないときはないですか？
潔く「教えてください！」と言う気持ちが、上司の心を動かします

6

自分目線で職場や上司を〝観・察〟してみよう

ここでは自分自身の目で改めて職場や上司を見てみましょう。

このときの「見る」は、**「観る」**と**「察る」**です。まずは、自分の所属する組織や職場全体を**観て**（俯瞰し眺めて）、そして上司をよく**察て**（察して）みましょう。

上司や先輩が自分に期待しているのは何か？　自分がどう行動すればその期待に応えられるのか察する（察る）のです。

あなたは、上司や先輩を常に**観・察る**（みる）ようにしましょう。そして、上司や先輩のどの行動や言葉が、周りの人の心に訴えかけ、リーダーシップを発揮できたのか、どの行動や言葉が周りの人に受け入れられなかったのか、よく「観察」しましょう。

そうすれば自分が、上司や先輩の立場に立ったときに「やるべきこと」と「やってはいけないこと」がわかり、未来に向けての備えとなります。これが「先読み」です。

また、自分のステージを上げるため、自分を上司に置き換えて、シミュレーションをしてみましょう。自分だったらどう考え、どう言い、行動するかを常に想像するのです。

例えば、会社の方針を上司から説明されても、どうも腹に落ちない、ということはないですか？　先輩たちが納得できず文句を言っているのであれば、私だったらこんなふうに方針を説明するなあ……と考えてみる。自分はどんな説明があったら納得して動けるか、と考える練習をするのです。

他にも、上司が仲たがいしている先輩たちの間に入って、うまく仲裁している場面を見たら、「こういうやり方があるんだ」と自分が気づかなかったこと、勉強になったことを記憶にとどめておきましょう。

これを繰り返すことで、あなたが先輩になったときには、周りの人たちを巻き込む力がついているはずです。

今起きている問題は、今後も繰り返し起こります。マネージャーになってから、マネージャーの心得を学んでも遅いのです。今から先読みして訓練しておけば、自信を持って行動できます。

point

俯瞰ができると、今やっておくべきことが先読みできる
働きやすい職場をつくるのはあなた自身
今から自分の次のステージを先読みしよう
観察→想像（仮定）→行動を繰り返し、先輩たちの言動、行動から学び続けよう

7

フォロワーシップで一目置かれよう！

ここまでの項目を読んで、上司が不安になる要素を理解し、払拭できたら次の段階に進みます。一目置かれる行動の仕方です。

目の前の出来事だけを見るのではなく、仕事全体を俯瞰する意識が身についたら、さらに高度を上げてみましょう。すべての出来事をとらえて先読みをしてほしいのです。これは自分の価値を上げるための、ものの見方です。

例えば、中堅クラスの方が、後輩と一緒になって職場で会社の悪口を言っている場面を目にすることがあります。しかし、後輩をまとめる役割の中堅社員であれば、会社側の考え方で、後輩にやる気を持たせるのが先読み仕事です。

現状に満足できていないのであれば、どう改善していくか、どうしたら皆が楽しく仕事ができるのかを、若手である今のうちから考えてみる。すると彼、彼女は一味違うと、周りの見方も変わってくるのです。

入社後数年たつと、あなたにも後輩ができます。俄然張り切って、あるいは不安になりながら「後輩に無様な格好は見せられない！」や「後輩のいい手本とならなくては」と考えて、リーダーシップを意識する時期ではないでしょうか？

でも、この時期は上司を補佐すること、つまりフォロワーシップも大切です。ただ上司の指示に従い、後輩にもそのまま上司の指示を丸投げするのは、優れたフォロワーシップとは言えません。これではせっかく後輩に見せようとしているリーダーシップも、上辺だけのものになってしまいます。

例えば、上司の指示に対し、あなたはすぐに理解し反応することができます。しかし、入社間もない後輩は戸惑うことが少なくありません。

この場合の先読み行動は、「その伝え方や情報量では、新入社員には理解できないですよ」と上司の耳もとで囁いてあげることであり、「上司の言っていることはこういうことだよ」と後輩に噛み砕いて教えてあげることです。

また、年齢の近い後輩の気持ちがわかり、仕事で接することが多いのは、あなたです。後輩の気持ちや仕事の障害について、上司にひと言助言することも、あなたの役目です。そうすることで、あなたは上司と後輩両方の信頼を得ることができるとともに、チームの結束力アップにも貢献できます。

このようにリーダーシップとフォロワーシップの間には、常に相互作用があります。

フォロワーシップとリーダーシップ

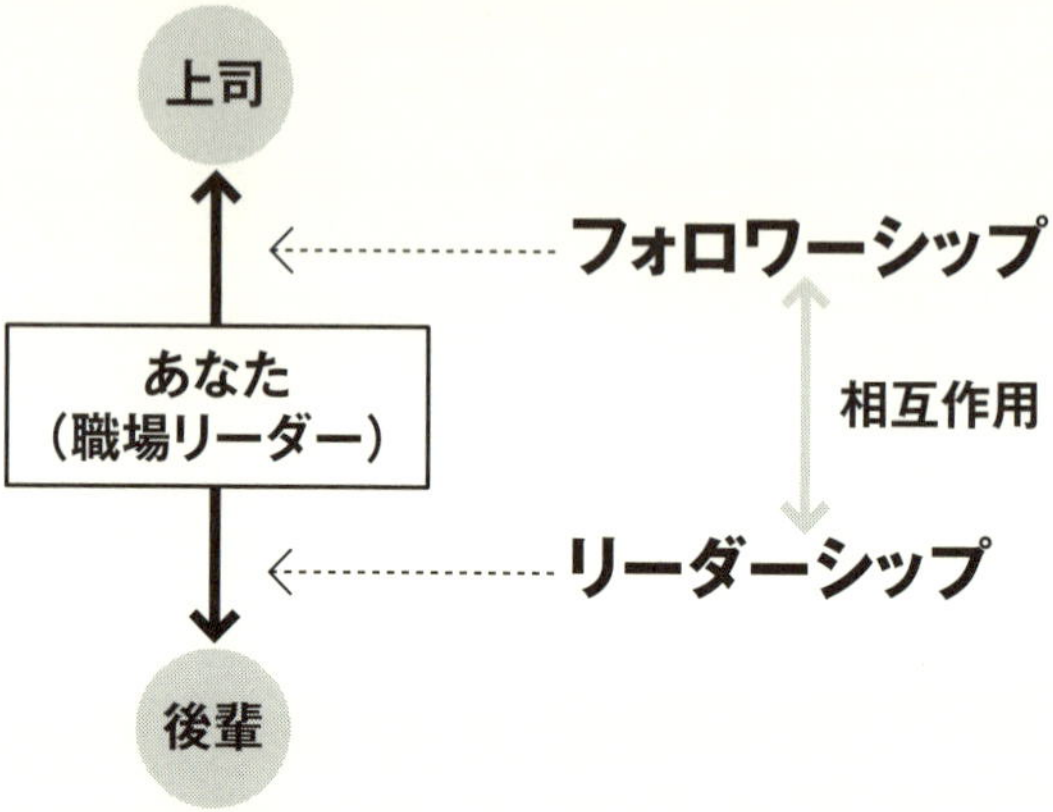

なお、フォロワーシップを発揮するには、職場内での業務遂行能力が少なくとも平均以上に届いていなくてはなりません。

平均以下の能力では、チームの足を引っ張ることになってしまいます。

上司と後輩それぞれの言い分、気持ちを間に立って双方に伝える。そして自身も職場で平均以上の成績を上げて、会社の利益に貢献する。このように、職場内でのコミュニケーションや業績でフォロワーシップを発揮することで、あなたは職場のリーダーとして一目置かれる存在となれます。そのことに気づけることも、先読みできている人の共通点なのです。

決して上司や後輩に媚を売るということではありません。**自らの職場を、自らの手で働**

きやすくするために、今やっておくべきことは何かを、常に察（み）て、想像し（仮定し）て、行動に移すことが今のあなたには必要なのです。

point

フォロワーシップとリーダーシップ、両方を意識して職場リーダーとして一目置かれよう

8

報告で自分をアピールするために

研修で「報連相がうまくいくと、どんないいことが起こりますか?」と質問することがあります。すると、「仕事が早く終わる」「上司に軌道修正してもらえる」「ミスが減る」「みんなが協力するようになる」などたくさんの意見が挙がってきます。

皆さんが実感している通り、質の高い効率的な仕事を行なうためには「報連相」が欠かせません。

報連相を正しく行なうことにより**「今、何をどうすればよいのか」を判断するための材料がメンバーに共有され、効果的な仕事を行なうことができるからです。**ちょっとした報告・連絡ミスや、部門間のコミュニケーション不全がお客様に迷惑をかけてしまいます。

その重要性はわかっているのに、なかなかできていないのが現状です。

どうしても私たちは「報告くらいしなくてもいいじゃないか、仕事に口出ししないで任せてほしい」と思ってしまいます。

「忙しくて、報告する時間がもったいない」「報告しろと言ってもパソコンから目も離さないで、聴いているのか怪しいものだ……」「悪い報告を早くしろというから伝えたのに

〝言い訳ばかりするな！〟と叱られた……」など、不満も一杯あるようです。

なぜ、上司はうるさく報告をしてくれというのでしょうか？　メールが普及していない時代は、上司が部下の、部下が上司の動きをつかむのは、それほど難しいことではありませんでした。

なぜなら、前述したように、上司がお客様や他の部署と電話でやり取りをしている様子を隣で聴いていれば、どのくらい案件が進んでいるのか、うまくいっているのか、わかったからです。上司も昔は部下の電話のやり取りを、ちゃんと聴いていました。進捗状況や、うまくいかない原因が、電話のやり取りですぐにわかったのです。

しかし、今は1人1台のパソコンが普及しているため、昔のようにはいきません。社外との折衝や、やり取りはメールが主流となり、重要で緊急な連絡は、個人の携帯電話に入ります。

外出先でやり取りが完結してしまうと、誰とどのような話が進んでいるか、どんな状況なのかが他の人にはまったくつかめなくなってしまいました。

部下を管理していくための必要最低限の情報さえ入ってこなくなっています。だからこそ、**日頃から密に報告し合わなければ、いざ助けてもらいたいときに、上司も部下の状況を把握するのに時間がかかってしまう**のです。

報告を、自分の価値を上げるためのツールとして見てみましょう。

先読みの報告ができる人とは、**会社としてプラスになることはもちろん、悪い報告でも、こうなるとまずい、損害につながるということを皆に情報提供できる人**です。

報告を依頼した上司は、何をどこまで望んでいるのかを理解する、つまり**言葉に隠された相手のニーズをつかむ**ことがポイントです。そのためには、なぜその報告を依頼されたのかよく考えてみましょう。

例えば、上司から「今朝のY商事からのクレームについて報告してくれ」と依頼されました。さて、あなたが報告書に記載すべき内容は何でしょう？

まず、「事実関係」が必要です。でもそれだけでは、あなたは上司に自分の実力をアピールすることはできません。**上司が、報告を依頼する最終目的は、2回目のクレームを引き起こさないこと**にあります。

そのためには、クレームを未然に防ぐ対策が必要となり、対策を立てるためにはクレームの原因がわかっていなければ前に進めないのです。

重要なのは、**「事実関係」**、**「原因」**、**「対策」**です。

クレームについての事実関係のみを提出して、上司に「原因は何だったんだ？」ときかれて答えられないようでは、自分の価値を下げてしまいます。

例えば「説明不足だった」ということが原因だったなら、「次からはスタッフ全員に○商品に関しては○○の情報も必ずお客様に伝えることを徹底することが必要です」といったような対策を提案することが、あなたの価値を上げることになります。

このように突発的な報告書とは別に、定期的に日報などの報告書を提出することが決められている場合、成功例や失敗例を書くことがあります。これらは上司が部下の現状を把握したり、その人を評価するのにももちろん使われますが、市場の動向を知ることにも役立ちます。

今までお客様に受け入れられていた商品が受け入れられなくなったとか、逆に受け入れられなかったものが、最近受け入れられるようになった等、お客様のニーズの変化を知り、それに合わせて会社の方針を変えるのに役立てられるのです。

成功例や失敗例の中で、**会社がほしがっているのは特殊な例ではなく、誰もができる成功例であり、誰もが陥りやすい失敗例**です。お得意先に親戚がいて、大口の注文をもらったとか、個人的なミスで失敗してしまったなどの例は、上司が現状を知るにはもちろん必要ですが、市場の動向をつかみ、会社の方針を変える「先読み」の視点からすれば、報告書の価値は低くなります。

誰が行なっても成功する確率の高い成功例は、全社に広める必要がありますし、誰もが失敗する確率の高い失敗例は、全社に注意喚起をする必要があるのです。

あなたの上司、特にプレイヤーでない上司や経営幹部は、直接お客様の声を聞く機会が少ないため、**現場で直接お客様に接する機会の多いあなたの情報は重要**なのです。

上司がどのような目的で、その情報を欲しているのかよく察（み）て先読みすれば、自分のアピールにもつながります。

point

状況を伝えるだけでなく、先読みした報告ができていますか？

上司はあなたの報告の内容で、あなたを評価しています

9 忙しそうな上司に喜ばれる報告の仕方をマスターする

先輩や上司は忙しそうに仕事をしていて、なかなか報告するタイミングが難しいですね。「今、忙しそうだから報告は後にしよう」と、気を使ったつもりが「何でもっと早く言ってくれなかったんだ！」と叱られたことはありませんか？

気がきかない人は、報告のタイミングが悪いという共通点があります。

こういう人は、上司があと5分で会議が始まるからこれだけ片づけてしまおう、とバタバタしているときに、「あの〜実は……」と声をかけてしまいます。

ただでさえ焦っている上司が「なんだ？」ときくと、タイミングを読めない部下に限って、手がかかる用件だったりします。もっと早く伝えてくれていれば、未然に防げたクレーム内容だったりするのです。

一方、気がきく人は、いつも絶妙なタイミングで報告をします。

上司がほしがっている情報を、ちょうどいい時間を見計らって届けるのです。この違いは何かというと、**報告する内容と時間を先読みしているかどうか**です。

先読みができる人は上司のスケジュールと、上司がどんな情報をほしがっているか、を先回りしてリサーチしているのです。

また、上司を観察することでちょっとしたタイミングを見計らっています。上司がトイレから帰ってきたとき、お昼休みから帰ってきたとき、パソコンの手を止め、伸びをしたときなどは心の余裕があり、時間を割いてもらいやすいことを知っているのです。

忙しい上司に報告する際に、もうひとつ大切なのは、伝え方です。

せっかく報告したのに「で、何が言いたいの？」と言われたり、「言い訳ばかりするな！」と叱られてしまったことはないですか？

こちらも気がきく人は報告する際の伝え方のコツを知っています。簡単な方法をご紹介しましょう。報告書や稟議書の決まった枠組みをフォーマットと呼びます。フォーマットは先輩方が、一番わかりやすい形として改善しながら今の形になっているはずです。これと同じで、相手がわかりやすいまとめ方があるのです。

話し言葉にもこの枠組みがあり、これをフレームワークと呼びます。よく「結論から話す」と言われていますが、次のような枠組みで伝えると、相手が頭の中で整理しやすくなります。

①結論や要点となること　②理由　③そうなった経過

話のフレームワーク

+αの気遣い

・お忙しいところ、失礼します。
・○○の件で
・ご相談があるのですが
・今、お時間よろしいでしょうか?

①結論

②理由

③経過

忙しい上司に報告する際は、**このフレームワークで伝えることは最低限の気遣い**です。

さらに先読みできる気がきく人は、前ページのようなプラスαの気遣いをしています。

まずは、**結論の前に相手の都合を確認**するのです。

・課長、お忙しいところ失礼いたします――忙しい上司に対する礼儀です。

・○○の件で――多くの案件を抱える上司は、件名がないと「何の件だったかな?」と混乱します。

・ご相談があるのですが――「俺にどうしてほしいの?」ということが明確だと、より相手も気を遣って聴いてくれます。

・今、お時間よろしいでしょうか?――このひと言があると、上司は「午後一番で聴くから、少し待って」など、ゆっくりと話ができる時間を確保してくれます。

一番まずいのが、忙しそうだから、と言って勝手な判断をしてしまうことです。今、聴くか聴かないか**判断するのは上司**だからです。

point

あなたは上司がどんな仕事をしているか把握していますか?

相手の立場を理解することで、報告のタイミングと内容が見えてきます

10

相談は相手との距離を縮めることができる手段と心得る！

相談は、これからのあなたに欠かせない力を与えてくれます。今は先輩や上司だけかもしれませんが、今後他の部署、さらには他社も巻き込んで仕事をしていくためには、**相談力は欠かせない**のです。

入社後数年は、先輩や上司への相談は、自分がほんとうにわからないことを「わかる」ようにするためのものです。

ここでは、さらにランクアップした相談について取り上げます。相談は、**周りを巻き込む強力なスキル**のひとつになります。

まずは、初歩的な相談の話からします。相談とは、相手の知恵を借りてさらに上のレベルの仕事を行なうことです。**知りたい内容とレベルを鑑みて、相談相手を選ぶ**ことも大切です。

初歩的な相談は同期や年の近い先輩など、身近な人にしましょう。

「こんなことで相談したら、できない人間だと思われそう……」という悩みをよく耳にしますが、若いうちは、先輩にどんどん知恵を借りることをお勧めします。

経験年数を重ねるごとに、相談はしづらくなるものです。

でも、経験が浅いからといって何でもかんでも、わからないことをそのまま相談して相手に頼ってしてしまうと、自分の価値を下げる結果となりかねません。

自分で調べられることはすべて調べてから、次の段階のことを教えてもらいましょう。

また、**自分の意見をきちんと持ち、そのうえで内容をより具体的にするのが、先読みした相談**です。

例えば、「A案で行動しているのですが、どうも○○がうまくいきません。そこでB案ですと○○がうまくいきそうですが、いかがでしょうか?」などと、**先輩や上司が判断しやすい相談**ができたら、ワンランクアップです。

「忙しそうで声をかけられない」「怖い顔で仕事をしているから声をかけにくい」という声がきこえそうです。

確かにそうですね。眉間にしわを寄せた怖い顔でパソコンとにらめっこしている上司は多いです。だからと言って、１人で悩みを抱えて自分勝手な判断をし、結果として上司の期待に添えないのであれば、自分の価値が下がってしまいます。

上司があまりに忙しそうで、声をかける隙もないようであれば、報告のときと同じようにトイレから帰ってきたときや、手を休めた瞬間、伸びをしたときなど、タイミングを考えて声をかけましょう。

「△△課長、恐れ入ります。○○の件でご相談したいことがあるのですが、お時間とっていただけますか？」などと内容によっては、予約をしてしまうのもありです。

相談するといやな顔をされる、という話を耳にしますが、もしそのような様子があれば、あなたの質問の仕方に問題がある可能性があります。

忙しい上司にはそのつど質問するのではなく、まとめて質問をすることも一案です。

経験を積むにつれ、わからないことを上司や先輩に相談することは、減っていきます。でも「相談」は、まだまだ活用することができます。それが、さらにランクアップした相談です。

組織の中で働く以上、1人でできる仕事には限界があります。

経験を積んでいくと、本人が望む、望まないに関わらず上司や他の部署も巻き込んだ、レベルの高い仕事を要求されるようになります。

そのときに強い味方になるのが相談です。この相談は、自分がわからないからする相談ではありません。

自分が持っていない資源を持っている人の協力を得ることで、**自分1人ができる以上の仕事をするために、相談をする**のです。

資源とは、なんでしょう。資源は場面によって変わります。あるときは特権、あるときは知識、あるときはお金（経費）だったりします。

例えば、あなたは、ある顧客との契約を成功させたいと思っています。契約をスムーズに進めるためには、相手のニーズに応える必要があります。

相手が、あなただけでなく会社としての誠意を示してほしいと望んでいれば、あなたは上司あるいはもっと上の上司に協力を求めることになります。

相手がもっと専門的な説明を望んでいて、あなたの手に負えない場合は、他部署の技術者の専門知識を借りるために、同行してもらう必要が出てくるのです。

もうひとつ例を考えてみましょう。あなたは、ある大きな企画を成功させたいと思っています。あなたの采配できる経費では足りないので、もっと権限のある人の協力を得なければなりません。こんなときに力を発揮するのも相談です。

しかし同じ社内の人に相談するにしても、初対面の人では、なかなか親身になって相談には乗ってくれないでしょう。

やはり、日常のあなたの人との関わり合い方が、ものを言うことになります。日頃から社内外を問わず、多くの人とのつながりを大切にし、**自分の仕事に対する真摯な態度を理解してくれる協力者を増やしていくことが大切**です。

そして自分1人ではできない大きな仕事をするときには、言葉は悪いですが使えるものは総動員して仕事にかかれるように、先読みしておくのです。

あなたに後輩ができて、相談される立場になったときを考えてみてください。時と場合によりますが、人は基本的に相談を受けることはとてもうれしいものです。

部下や後輩が解決できない問題を、自分が今まで築いてきた人脈や経験、スキルを駆使して助けることができるのは、自分が成長した結果であり、周りから信頼されている証だからです。

point

相談とは相手の知恵や資源を借りて、さらに上の仕事をするための手段
相手の資源を借りるために、今から相手に心の貯蓄をしておこう！

3章

先読みレベル2

時間に追われない

1

先読みするための時間をつくる

ここまで読んでくださった方は、常に周りを観察し、想像して行動する「気がきく対応」、つまり先読みの対応を行なうためには、心の余裕がなくては難しいということに気づいていらっしゃることでしょう。

だったら「できない」と嘆くのではなく、心の余裕は時間の余裕だということを考えてみてほしいのです。

先ほどもお伝えした通り「忙しい」は「心を亡くす」ことです。忘れるも「心を亡くす」と書きます。忙しいときに、お客様から依頼されたことを忘れてしまったり、上司からの頼まれごとを忘れてしまったりしたことはないですか？

時間の余裕があれば、上司の立場に立った報告ができます。

時間の余裕があれば、後輩の視線にシフトした指導ができるはずです。

時間がないからと言って心ない対応をしていたら、自分の価値が下がってしまいます。

先ほども書きましたが「実力あっても表現せねばなしに同じ」です。あなたの価値は、時間がないから相手に評価されないまま、で終わってしまっていいですか？

DO BOOKS NEWS

DO BOOKS 公式ブログ http://do-books.net

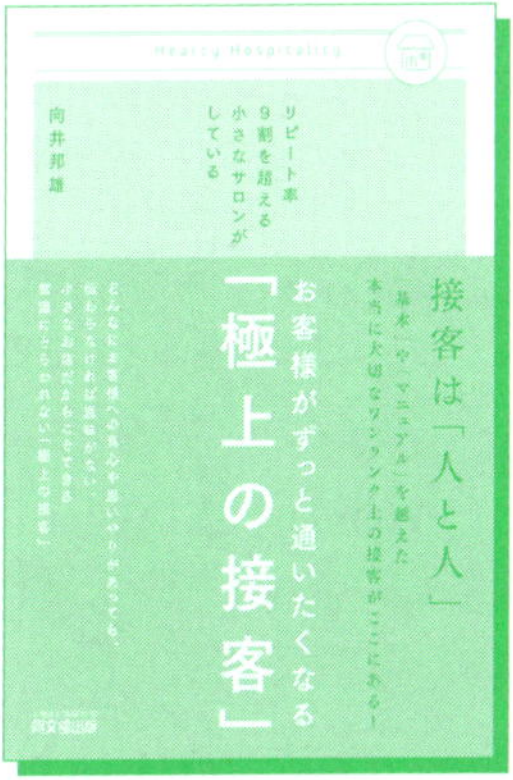

リピート率９割を超える小さなサロンがしている お客様がずっと通いたくなる「極上の接客」

向井　邦雄著

接客とは、お客様をもてなし、安心していただき、喜びを売ること。どんなにお客様への真心や思いやりがあっても、伝わらなければ意味がない。小さなお店だからこそできる、常識にとらわれない「極上の接客」とは？　「基本」や「マニュアル」を越えた、本当に大切なワンランク上の接客をわかりやすく解説する１冊　　**本体 1,400 円**

顧客に必ず “Yes”と言わせるプレゼン

新名　史典著

プレゼンで重要なのは、きれいな資料や流暢な話し方ではなく、聞き手のニーズを汲んだ切り口と、そのニーズに的確に対応した提案のポイント、そしてそれを論理的にストーリー展開すること。顧客の意思決定を引き出す、プレゼンの準備「7つのプロセス」で「プレゼン力」はアップし、「営業力」も飛躍的に高まる！　　**本体 1,400 円**

●創業 118 年

同文舘出版株式会社

〒101-0051　東京都千代田区神田神保町 1-41
TEL03-3294-1801/FAX03-3294-1807
http://www.dobunkan.co.jp/

本体価格に消費税は含まれておりません。

"最低でも目標達成"できる営業マンになる法
予材管理があなたをリアル・トップセールスにする！
水田 裕木著　本体1400円

ちょっとした心づかいでこんなに変わる！
おもてなし接客術
「ただの接客」に大きく差をつける「おもてなし接客」！
井川 今日子著　本体1400円

つらくなったとき何度も読み返す
「ポジティブ練習帳」
「ポジティブ・スイッチ」は、一瞬でONにできる！
志賀内 泰弘著　本体1400円

「競合店に負けない店長」がしているシンプルな習慣
売上げを伸ばしている店長の「相手軸」に立つ習慣とは
松下 雅憲著　本体1400円

独学・過去問で効率的に突破する！
「技術士試験」勉強法
余計な回り道をせず理系最高峰資格の合格ラインを超える！
鳥居 直也著　本体1600円

"仕事で損をしない人"になるための48の行動改善
職場で正当に評価されるために必要な「行動四原則」とは
長谷川 孝幸著　本体1400円

たった1年で"紹介が紹介を生む"コンサルタントになる法
「紹介が紹介を生む＝本物のコンサルタント」への道！
水野 与志朗著　本体1400円

心が折れない！　飛び込み営業8のステップ
飛び込み力を強化して"やみくも営業"にさよならしよう！
添田 泰弘著　本体1500円

過去問で効率的に突破する！
「宅建試験」勉強法
3カ月で合格できる！「過去問を読むだけ」の正しい学習方法
松村 保誠著　本体1500円

過去問で効率的に突破する！
「中小企業診断士試験」勉強法
過去問をフル活用して合格をめざす「超・効率的」勉強法
日野 眞明監修／斎尾 裕史著　本体1500円

独学・過去問で確実に突破する！
「社労士試験」勉強法
過去問に焦点をあてた「省エネ」勉強法で合格を勝ち取る！
池内 恵介著　本体1500円

最新版　これが「繁盛立地」だ！
店舗を成功に導く「立地選び」のやり方・考え方
林原 安徳著　本体1700円

ビジュアル図解　物流センターのしくみ
経済・流通活動にとって欠かせない物流センターの知識を解説
臼井 秀彰編著／田中 彰夫著　本体1800円

ビジュアル図解　物流のしくみ
幅広い業種と結びついている「物流」の全体像を解説
青木 正一著　本体1700円

売れるチラシづくりのすべて
チラシづくりの戦略からデザインの基本までを完全網羅
加納 裕泰著　本体1600円

「1回きりのお客様」を「100回客」に育てなさい！
90日でリピート率を7倍にアップさせる超・実践ノウハウ
高田 靖久著　本体1400円

時間は私たち一人ひとりに必ず同じだけ与えられています。

では、なぜ同じような仕事をしているのに、時間がない！　と言って目の前の仕事でいっぱいいっぱいになり、先読みの仕事ができていない人と、時間を有効に使っている人に分かれるのでしょうか？

ここにも、仕事ができる人の共通点が見えてきます。違いは、やはりちょっとした習慣にあります。

では、ここからは「先読みをして自分の価値を上げる」ための時間づくりについて、考えていきましょう。

point

時間は誰にでも均等に1日24時間与えられている
できる人は時間管理にも共通点がある

2

仕事に追われないためには①
——足かせは探す時間にあった

今のビジネスパーソンは、少数精鋭で仕事をこなしています。「今まで3人の先輩が行なっていた仕事を1人で担当しています」という方までいらっしゃるくらいですから、前任者の仕事のやり方をそのまま引き継いだだけでは、仕事が時間内に終わらないのは当たり前なのです。

前任者が気づかなかったムダに気づき、作戦を立て改善していかなければ一生残業から抜け出せません。前任者たちが気づいていないムダ、あるいは気づいていても放置してあるムダについて考えてみましょう。

まずは、周囲にある〝ムダ出し〟を行なうことをお勧めします。

業務改善のための研修をすると、一番多く挙がるムダが「探すムダ」です。あなたは1日の業務の中で、どんな探し物をしていますか?

資料やデータ、事務用品、さらに営業スタッフや上司まで探し物の対象になります。

例えばトータルして1日10分探し物をしているとします。月20日間の勤務として、年間にすると40時間の時間を費やしていることになります。

ムダをなくすには**「なくす」→「減らす」→「やり方を変える」**という段階があります。なくす、なくせなかったら減らす、減らせなかったらやり方を変えてみるのです。

40時間という時間をなくせなかったら、半分に減らしてみませんか？ すると半分の20時間を相手の立場に立つ時間にあてることが可能になるのです。

探す時間をなくして生産性の高い仕事をするための基本は２Ｓ、整理整頓です。整理とは捨てること、整頓は取り出しやすくすることです。古い書類がたくさんあるから、新しい書類が見つからなくなるのです。社内書類であれば書類番号の近くに破棄してよい期限を記しておくのも一案です。

その期限が過ぎたら、気づいた人が捨てていきます。捨てていいか、取っておくべきか読み返して考える時間がムダだからです。

誰にでもひと目でわかる工夫をすればあなたの価値も上がり、探す手間も省けて一石二鳥です。

捨ててサッパリした後は、定置管理を徹底しましょう。まずはものの住所を決めます。共有するものであれば、誰もがわかるようにその場所を周知徹底しましょう。

お母さんのいない台所のようにならないよう、誰でも塩や砂糖がどこにあるかわかるように知らせるのです。これをしないと、旅行先にお父さんが電話をかけてきて「母さん、お砂糖はどこだ？」と聞くように、他の人の割り込み仕事になります。

そして、定置管理のポイントは**場所を決めたらそれを「守る」こと**です。皆がちゃんと元に戻すような仕掛けをしておきましょう。

ある会社では、共有のファイルがなかなか戻されないので、棚からファイルを持ち出す際に、持ち出す人の写真を空いたところに貼りつけておくそうです。今まで、使用したらそのまま各自の机に放置されて戻ってこなかったのが、これはかなり効き目があったということです。

将来のムダを先読みし、探す時間を減らすルールづくりをして、自分も周りも気持ちよく働ける職場にしましょう。

point

まずは「探す時間」を半分に減らしてみる

「決める」→「守る」をルール化すると探すムダがなくなり、
一緒に探す人の割り込み仕事も減らせる

整理整頓であなたの価値も上がる

3

仕事に追われないためには②
——負のスパイラルを生む「抱え込み」

あなたは、仕事を抱え込んで1人で悩んでいませんか？　**仕事の抱え込みは、自分を負のスパイラルに引きずり込みます。**なぜならば、自分は仕事で必死になっているのに、周りは楽をしているように見えてしまうからです。

時間の余裕がなくなり、1人でイライラしながら忙しそうに動き回り、他人のことなど思いやることもできません。思いやるどころか冷たい感じの人と言われ、周りと距離ができてしまいます。自分しかわからないことを抱えているため、休むこともできません。

そのうちチーム全体の流れも滞らせてしまい、**結局は自分の価値を下げる結果になる、成果の上がらないパターン**です。

これは、頑張っているのに残念な結果に終わる習慣です。どんどん悪い方向へ進んで行ってしまいます。

仕事を抱え込んでしまう方は、「お人よし」「生産性の高い仕事の仕方がわかっていない」「後輩とのコミュニケーションが取れていない」という共通点があります。

「お人よし」は、先読みができていない残念な結果です。

「断れないお人よし」は、前述したように結局のところ、自分を哀れに思い他人を憎んでしまう結果になりがちです。

また、他の人の仕事の量が少ないと感じるのは、その人が仕事のコツがわかっていて上手に回しているからです。そのコツは後ほど取り上げます。

後輩とのコミュニケーションが上手に行なわれているというのは、お互いに信頼関係ができているということです。頼みやすい関係を築きつつ、後輩にもしっかり仕事を教えていれば、仕事を任せることができます。「自分でやったほうが早い」と普段から抱え込んでしまうから、いざというときに任せることができないのです。

あなたは後輩を上手に育てていますか？　**自分しかできない仕事が増えると優越感は増しますが、あなたの成長はそこで止まってしまいます。**後輩を育てるために苦労をしたり、悩んだりするのも成長です。

また、後輩を育てておくと、緊急でも重要度が低い仕事を任せることができます。その時間を利用して、あなたはさらに上のナレッジワークに時間を割くことができるのです。

ルーチンはご存じの通り定型業務。毎日繰り返す決まった仕事です。

ナレッジワークは頭を使って創造する仕事です。明日を創るための仕事、例えば業務改善について考えるのもよいでしょう。

私たちはどうしても目の前の仕事に目が行きがちですが、仕事には**今日を守る仕事と明日を創る仕事**があります。

今日を守る仕事とは日々の定型業務や報連相などで、これらはきちんとミスなく終わらせる＝**業務を完遂**することが求められます。

明日を創る仕事は、**業務改善、クレームを未然に防ぐ対策**を考えることなどです。また、さらに効率よく働くためにはどうしたらよいか考えるのもそのひとつです。

そのためには、あなたは今から先読みして、後輩を丁寧に育てておくことが重要です。目先の時間しか見ていないと、育成という明日を創る先読みの仕事に着手できなくなるのです。すべて自分のための時間です。育成という貯金を後輩にしておくのです。必ず利子がついて返ってきます。

今後、あなたの価値は、どれだけよい後輩を育成できたかで評価されるからです。

point

先のことを考えずに仕事を抱え込むと、
自分だけでなく周りもしんどい思いをすることになる
後輩に仕事を任せて自分のナレッジワークの時間をつくろう！

4

仕事に追われないためには③
――ヌケ・モレがあると倍の時間が取られる

どんな天才にも、ヌケることもあれば、モレることもあるものです。ましてや、一般人の作業にはなおのこと必ずヌケやモレがあります。

「書類にヌケがあって戻ってきてしまった」や「モレがあってやり直しがあった」などという経験はありませんか？

相手とのコミュニケーション不足から生まれる伝えモレなど、ちょっとした確認を怠ったために生じるミスで、倍の時間がかかることがあります。

「二度手間で時間を取られた」など自分の問題で済めばまだいいのですが、相手に迷惑をかけたり、場合によっては大損失や大事故につながる可能性があります。

人には必ずヌケやモレはあるものだという大前提から始め、日頃からの確認を習慣にし、いかにそれを予防するかを先読みしておく必要があります。

ヌケ、モレを減らす具体的な方法を考えてみましょう。

あなたは会社帰りに、電話で母親（あるいは旦那さんか奥さん）から「今日は帰りが遅くなるので夕食の材料を買ってきて」と頼まれました。夕食のメニューは、カレーライスと野菜サラダとデザートです。

メニューを聴いてあなたが考えた材料は、じゃがいも、カレーの素、トマト、牛肉、ぶどう、レタス、にんじん、玉ねぎ、ブロッコリー、きゅうりの10品目でした。

これらすべてをヌケ・モレがないように買って帰ることができるでしょうか？

こんな場合、ただ順番通りに覚えようとすると、なかなか頭に入らないですが、グループ分けすると覚えやすくなります。例えば、料理ごとにグルーピングしてみましょう。

カレーライス：じゃがいも、カレーの素、牛肉、玉ねぎ、にんじん　の5品目
野菜サラダ：トマト、レタス、ブロッコリー、きゅうり　の4品目
デザート：ぶどう　の1品目

「どの料理で材料を何品目買う」と整理すれば、買い忘れを減らすことができます。

では、これをビジネスの現場に置き換えてみましょう。

あなたは、支店の全体会議の準備と進行をするように上司に指示されました。決まって

会議の準備と進行

内容	詳細	手配順位	手配期日	チェック
会議内容に関すること	幹部、各部門長と内容検討	①	3ヶ月前	□
	議事進行表作成	②	3ヶ月前	□
	配布資料作成	⑤	2ヶ月前	□
会場設定に関すること	会場の選定と確保	①	3ヶ月前	□
	機材（マイク、プロジェクターなど）手配	⑤	1ヶ月前	□
	参加人数分の昼食手配	⑤	1ヶ月前	□
会議開催の連絡に関すること	各役割担当者への事前連絡	③	3ヶ月前	□
	本社参加者への連絡	④	2ヶ月前	□
	支店参加者への連絡	④	2ヶ月前	□

いるのは予定日と時間（ほぼ終日）だけです。出席者は100名近くになり、本社の重役も参加予定です。ここで、ヌケやモレなどが発生すれば、支店全体の失態となってしまいます。

さて、あなたはどのように準備を進めればよいでしょう?

まず、やるべきことの大枠を考えると次の3つになります（カレーの話でいうと、つくるメニューの部分です）。

・会議内容に関すること
・会場設定に関すること
・会議開催の連絡に関すること

これに詳細な内容、手配の優先順位、手配期日、チェック欄などをつけると上の表のようになります。

印鑑の押し方

【意図していた例】　署名右下の（名に少し重なった）印鑑

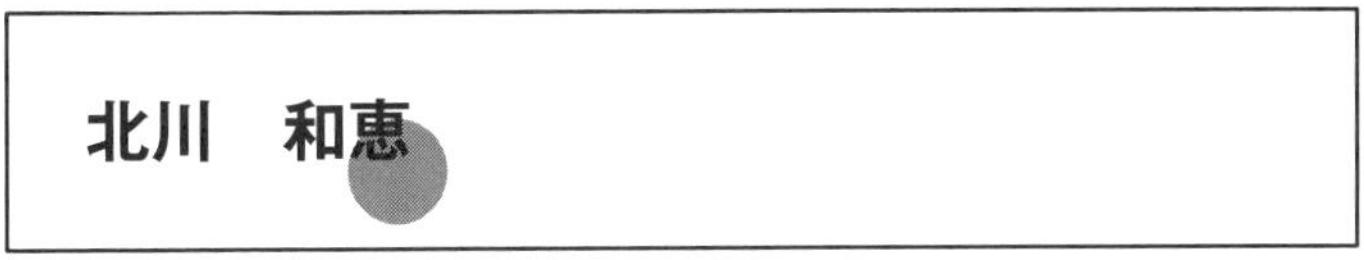

【集まった例】

すべての仕事にこのようなものは必要ありませんが、込み入ったものは一覧を作成すると頭の整理になり、ヌケ・モレを減らすことができます。

自分だけの確認は、意識を高めることでレベルアップできますが、難しいのは相手に伝えたつもりが伝わっていない……というように相手が絡んでくるときです。

ここでは職場でよく起こる「意図と解釈の違いから起こるやり直し」についてお話ししましょう。

最近、特にご依頼の多い「情報を伝える」をテーマにした研修を行なった際に、「伝えたつもりが伝わらなかった事例」を挙げてもらいました。

すると総務の女性が「メールで全社員に、『署名をし、名前の上に印鑑を押して提出してください』と依頼したら、皆がバラバラな箇所に押してきて、結局やり直しになってしまって困った」というのです。

集まったのは前ページのような感じでした。あなただったらどこに印鑑を押しますか？ その他にも名前の前や、上部の方もいらっしゃいました。

なぜこんなことが起こったのでしょう？

総務の女性は、自分がわかるから他の人も当然同じ位置に押してくる、と思っていたのです。次回からは必ず見本を記載するようにしたら、書類のヌケ・モレがなくなったそうです。

point

「これくらいわかるだろう」「これくらい、いいだろう」という手抜きがヌケ・モレの原因
ヌケ・モレがないように日頃から、確認の癖をつける

5

仕事に追われないためには④
――クレームを未然に防がないから手が回らなくなる

パレートの法則（80：20の法則）

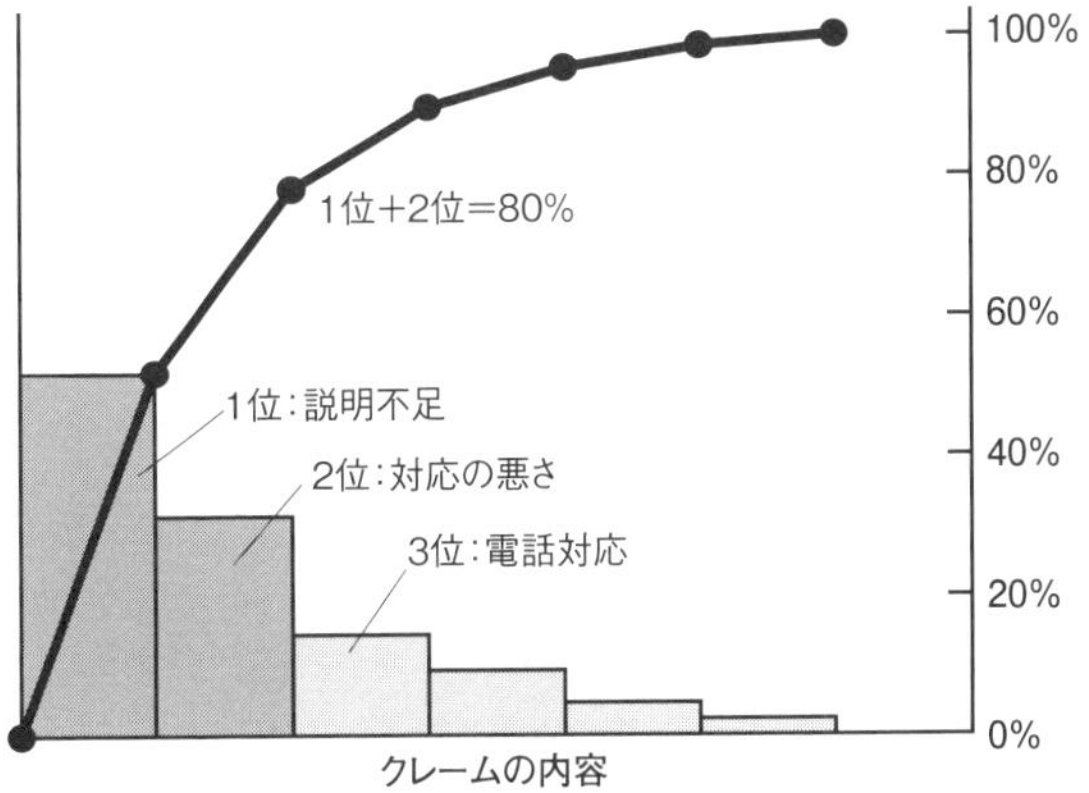

あなたの職場では、同じクレームが何回も起こることはないですか？　クレームを解決するための時間と労力は大変なものです。

皆さんご存じのように、クレームはお客様の期待に添えなかったときに起こります。

お客様の「このくらいはしてほしかった……」の表われです。

クレームは情報の宝庫。何度も同じクレームを受けるということは、問題点が改善できていないということです。クレームがあってからそのつど対応するのでは、生産性が低いのです。

56ページで取り上げた投資の時間を使っ

て、クレームを未然に防ぐ先を読んだ作戦を立てましょう。

まずは、年間など一定の期間で、どのようなクレームが発生しているのか統計を取ります。発生頻度が多いものから順に左から右になるよう棒グラフにしてみると、8対2の法則が当てはまることが往々にしてあります。

8対2の法則とは「パレートの法則」のことです。イタリアの経済学者ヴィルフレド・パレート氏が、社会全体の所得の多くは一部の高額所得者が占めているが、それは国や時代の制度の問題ではなく、一種の社会的自然現象であると論文で発表したものです。

これは、いろいろな分野にあてはまることで、クレーム件数の80%を、20%の原因が占めています。

グラフを見て、左から1、2番目くらいまでが頻繁に起こっているはずのクレームです。この上位2割を解決すれば、クレームの8割がなくなるのですから、そこに改善努力を集中させましょう。

point

クレームに追われないために、何をすることから投資を始めますか？

それを解決できたら多くの時間を違うことに活用できます

6 生産性を上げる仕事の仕方を意識する

改善という言葉ばかりが先行してしまい、疲弊している人が増えているように感じるのは、私だけでしょうか。

改善は手段です。**目的は「自らの職場を、自らの手で、効率的に安全に快適にすること」**、そして最終的にお客様に、よりよいサービスを提供することです。つまり、自分たちが働きやすい職場をつくり、顧客満足を得ることです。

しかし現場では、効率ばかりに目が行ってしまい、スタッフのやる気が下がったり、お客様が二の次になっているという本末転倒なケースが多く見受けられます。

先日、介護業界の研修終了後に若手社員から、こんな相談を受けました。

「上から生産性の高い仕事をしろと言われ、入居者様にかける時間を減らさなければならないなんて、思っていたことと違う」と会社を辞めたいと言ってきたのです。

これは、上からの方針が曲がって伝わっているのかもしれません。あるいは上司の説明不足です。

本来の改善は、探し物をするなどのムダな時間を省いて、生産性の高い仕事をすることで時間をつくり出し、**本来の業務である「お客様のための時間」をつくり出す**ことです。

最近は一般企業だけでなく、全国の地方自治体からの研修のご依頼をいただくことが増えました。私個人の感じるところですが、自治体では、そのノウハウを持たないまま上から改善命令が一方的に出ている傾向にあるようです。

そのため、ただでさえ少ない人数で仕事をしているのに「残業しないで帰れ」と言われ、「この仕事どうしたらいいの？」と現場職員が全体的に疲弊してしまっています。

自治体の仕事の最終目的は、住民満足にあります。業務改善をする最終目的も、住民満足を実現することです。現場職員が疲弊していては、それを実現することはできません。

残業なしで帰宅し、自分の生活も豊かにするワークライフバランスを実現させることで、職員の業務遂行のモチベーションもアップします。

改善は「自らの職場を、自らの手で効率的に安全に、快適にすること」なのですから、やらされ感が先行し、皆がやり方を飲み込んでいない状態で、ただ上から「改善しろ」「生産性を上げろ」と言ってもなかなかやり方が見えてこないのです。

ここでは今の仕事の生産性を上げるためには、何ができるか一緒に考えてみましょう。

・ひとつの仕事にかける時間を意識する

仕事の生産性は、ひとつの仕事にかける投下時間、量、質のバランスからできています。**同じ質・量であれば、投下時間が少ないほど生産性が高くなります。**今の投下時間を減らすためには、何ができるでしょうか。

・机周りの整理整頓をして探す時間を減らす
・パソコンのスキルを上げるために、パソコン教室に通う
・同じような仕事はまとめて片づける

など、自分に合った方法を考えてみましょう。

はじめに着手するのは、いつもの定型業務の見直しです。日常的に行なっている仕事であれば、自分がその仕事に費やす大体の時間がわかると思います。これを標準時間と言います。この標準時間がわかったら、ストレッチ目標を掲げてみてください。

ストレッチとは、運動のストレッチと同じ。少し頑張ればもっと伸びる目標を掲げるのです。今まで、パソコン入力に30分かかっていたのなら25分で終わらせる！　と目標時間を立てて集中してやってみるのです。ゲーム感覚で構いません。

例えば１００メートルを走るのに、毎回タイムを計るのと同じです。早くゴールするためには何が必要か？　どうしたら昨日より早くゴールできるのか、意識するのです。

質・量・投下時間の関係

$$\text{生産性}\uparrow = \frac{\text{質}\uparrow \times \text{量}\uparrow}{\text{投下時間}\downarrow}$$

100メートル走であれば、体がぶれないように重心を安定させよう、そのためには基礎体力をつけよう……など、こうした工夫と達成感がさらに仕事を楽しくしていきます。

・同じ投下時間なら、量を増やして仕事全体を早く終わらせる

同じ時間をかけて仕事をするのであれば、「ひと単位時間の量を増やす」という手もあります。

例えば、役割分担をする、チームで協力する、割り込み仕事を減らす、など、これもたくさんのアイデアが浮かんできますね。自分に合った方法を試してみましょう。

仕事は、集中することも重要です。午前中の頭が冴えている時間に、集中して一気に仕

料金受取人払郵便

神田支店
承　認

8188

差出有効期間
平成26年８月
31日まで

郵便はがき

101-8796

511

（受取人）
東京都千代田区
神田神保町１－41

同文舘出版株式会社
愛読者係行

毎度ご愛読をいただき厚く御礼申し上げます。お客様より収集させていただいた個人情報は、出版企画の参考にさせていただきます。厳重に管理し、お客様の承諾を得た範囲を超えて使用いたしません。

図書目録希望　　有　　無

フリガナ お名前		性　別 男・女	年　齢 才
ご住所	〒 TEL　　（　　）　　Eメール		
ご職業	1.会社員　2.団体職員　3.公務員　4.自営　5.自由業　6.教師　7.学生 8.主婦　9.その他（　　）		
勤務先分類	1.建設　2.製造　3.小売　4.銀行・各種金融　5.証券　6.保険　7.不動産　8.運輸・倉庫 9.情報・通信　10.サービス　11.官公庁　12.農林水産　13.その他（　　）		
職　種	1.労務　2.人事　3.庶務　4.秘書　5.経理　6.調査　7.企画　8.技術 9.生産管理　10.製造　11.宣伝　12.営業販売　13.その他（　　）		

愛読者カード

書名

◆　お買上げいただいた日　　　　年　　　月　　　日頃

◆　お買上げいただいた書店名　　（　　　　　　　　　　　）

◆　よく読まれる新聞・雑誌　　（　　　　　　　　　　　）

◆　本書をなにでお知りになりましたか。

1．新聞・雑誌の広告・書評で　（紙・誌名　　　　　　　　）

2．書店で見て　3．会社・学校のテキスト　4．人のすすめで

5．図書目録を見て　6．その他（　　　　　　　　　　　）

◆　本書に対するご意見

◆　ご感想

●内容	良い	普通	不満	その他（　　　　）
●価格	安い	普通	高い	その他（　　　　）
●装丁	良い	普通	悪い	その他（　　　　）

◆　どんなテーマの出版をご希望ですか

<書籍のご注文について>

直接小社にご注文の方はお電話にてお申し込みください。宅急便の代金着払いにて発送いたします。書籍代金が、税込1,500円以上の場合は書籍代と送料210円、税込1,500円未満の場合はさらに手数料300円をあわせて商品到着時に宅配業者へお支払いください。

同文舘出版　営業部　TEL：03－3294－1801

事を進めるのもいいですね。

集中している時間に電話に出なければいけないのであれば、周りと相談して、時間を決めて電話を当番制にするのもいいでしょう。

また、集中しているときに他の人からいろいろなことをたずねられることもあります。いつも同じようなことをきかれるのであれば、改善の余地ありです。よく質問される内容について、ひと目でわかる資料を作成しておくなど工夫してみましょう。

・時間を短縮しながら質を上げる

投下時間を減らして量を増やせたら、質を高くすることも意識してみましょう。

いろいろな方法がありますが、前述したように仕事は点では始まらないので、必ず仕事の目的や背景を理解して先読みし、プラスαの価値をつける工夫をします。

このような意識を常に持つと、周りに喜ばれ、自分も成長することができます。

point

同じ仕事の繰り返しと考えるのではなく、生産性の高いやり方を考えよう！

7

上司のスケジュールを理解すれば割り込み仕事は3分の1に減る

帰ろうと思ったとたん「これお願い」と上司から割り込み仕事を頼まれた、重要な仕事に着手しようとしたら、上司に「ちょっと」と呼ばれた、ということはないですか?

私たちの段取りが水の泡となるのが、上司からの割り込み仕事です。先読みできる人は、あらかじめ「そろそろ来るな」を読んで、先に予定を空けておきます。

あるいは「○○の件、そろそろですね。案内状の手配をしておきましょうか?」と、上司に言われる前に、こちらからフォローをします。

どうせ回ってくる仕事であれば、先回りして自分の予定に入れておくほうが得策です。自分の段取りも狂わず、しかも上司に「君はいつもよく気づいてくれるね。助かるよ」と感謝されるのですから。

このような、先読みできる人の共通点は、上司のスケジュールをしっかりとつかんでいることです。

さらに、上司と自分のスケジュールをすり合わせておけば、あなたが忙しい日は、上司も割り込み仕事は回してきません。手の空きそうな人に頼むはずです。しかも気のきくあなたには、誰にでもできるような仕事は持ってこなくなるでしょう。

仕事はあなたのレベルに合わせて回ってくるものです。いつまでも後輩ができるような仕事をしているのであれば、要注意です。

自分を俯瞰して、どう改善したらよいか考えていくチャンスです。

point

どうせ回ってくる仕事なら、やらされるのではなく、
自ら提案し、創り出す
すると割り込み仕事に割く時間が激減するだけでなく、
上司からの評価も上がる

8 意図と解釈のズレを起こさないための5つのこと

1人でできる仕事なら、自分の能率を上げさえすればよいのですが、他人を巻き込んで仕事をする際に自分の能率だけを考えて空回りしては、生産性が下がってしまいます。どうしたら皆を上手に動かせるのでしょうか？　人を動かすにはコツがあるのです。まずは相手を理解して、意図と解釈の違いをなくすことが重要です。意図と解釈のズレを起こさないために、5つのことに気をつけましょう。

①人によってとらえ方が違うことに気づいていない→相手を理解する

何か伝達ミスがあったとき、「このくらい知っていると思った」「このくらいできると思った」と、伝わっていないことを不思議に思うことも多いですね。しかし、価値観や仕事の経験などがそもそも違うのですから、自分本位で物事をとらえるのではなく、相手の目線にシフトして具体的に伝えることが大切です。

②筋道を立てて話していない→結論・理由・経過の順に話す

筋道を立てていないと、話が整理されていないため何が伝えたいのかがわかりづらくなります。71ページでご紹介した、フレームワークを使って話しましょう。そうすることで、筋道が通った論理的な伝え方になり、相手の納得感が増します。

③事実と所感が混在している→事実を先に話し、考えは後から

事実とあなたの考えが混在していると、相手は何が事実なのか、判断に迷います。まずは事実から話し、あなたの感想や提案は区別して、後から伝えると信頼度が上がります。

④相手が理解していないことに気づいていない→相手の表情を読み取る

伝えるからには、相手が動いてくれないと意味がありません。相手が話の内容を理解できなければ、動いてくれなかったり、見当違いの動き方になってしまいます。

話す際には相手の表情を見ながら、理解していないようであれば「ここまでの説明でわかりづらいところはないですか？」と確認してみましょう。

⑤背景や目的が相手に伝わっていない→背景・目的を意識して伝える

仕事は点では始まりません。必ず背景・目的があります。お互いに背景や目的を共有することで、認識のズレをなくすことができるのです。

人によってとらえ方が違うことを意識しなかったがために起きた行き違いの例として、こんな話があります。

デザインの会社で、営業がデザイナーに「春らしい色にしてほしい」と、ポスターの背景の色について伝えました。営業は、春の桜をイメージして「ピンク色」で仕上がるものと思っていました。しかし、デザイナーからできあがったポスターを渡されて、驚きました。背景の色が「若草色」だったのです。「春らしい色」はデザイナーにとっては「新芽」をイメージした色だったのです。

皆の価値観が同じとは限りません。ということは、「このくらいやっておいてくれるだろう」「これは言わなくてもわかっているだろう」は通じないのです。

また、**相手によって伝え方を変える**ことも大切です。相手を理解して、納得がいくように話すことがポイントです。

相手のタイプによって仕事の依頼の仕方を変えると、思った通りに動いてくれます。そのことについては、次の章でご紹介しましょう。

point

「伝えたつもりが伝わっていなかった」は
相手の目線に自分をシフトさせることが求められる
相手を理解し、納得のいくように伝えよう！

4章

先読みレベル3

人を育てるコミュニケーション

1

生産性を上げるコミュニケーション能力

仕事の全体が見え、日々の業務に慣れたあなたの次のステージは、あなた自身が仕事を創造していくことです。このステージでは「人を動かす」こと、つまり職場で良好なコミュニケーションをとることが必要になってきます。

職場でのコミュニケーションとは、仲よしグループをつくることではありません。**ビジネスでのコミュニケーションとは、お互いの力を引出し合って、よりよいものをお客様に提供することです。**

ＥＳ（従業員満足）の実現は、職場コミュニケーションのよし悪しにかかっています。会社を辞めてしまった、会社を辞めたい……という相談をよく受けますが、その理由の8割を職場のコミュニケーションの問題が占めています。働く人のモチベーションは、職場でのコミュニケーションに左右されているのです。

職場でのコミュニケーションとは、報連相や、指示、指導、引き継ぎなど、人と関わることすべてです。メンバーどうしが相手の立場に立ち、先読みして行動している職場は、活気がありイキイキとしています。職場内の意志の疎通もできているので、お互いが協力して生産性の高い仕事をしてお客様に喜んでもらえます。

この章では、そのような職場を自らつくっていくための「人を育てるコミュニケーション」についてお話しします。職場で良好なコミュニケーションを取るには、相手の考え方の背景を知り、行動を先読みすることが重要です。

私はこれまでお話ししてきた研修などの他に、覆面調査のお仕事のご依頼をいただくことがあります。覆面調査とは、お客様を装ってお店に行き、接客、商品陳列、照明などの改善点を、お客様の目線で見て、プロの視点でアドバイスする仕事です。

そのような調査で大手旅行会社、大手ベーカリーショップ、喫茶チェーン店などの店舗を見てきましたが、スタッフがイキイキと働いているお店は、互いに信頼し、いい刺激をし合って皆で成長しています。一方、挨拶の習慣すらない職場では、皆がお互いを思いやることもなく、冷たい空気が流れ、居心地もよくありません。

入った瞬間に「あれ、ここは空気が冷たい」と感じる店舗がたくさんあります。このようなお店の空気感を、お客様は敏感に肌で感じています。しかし店舗側はそのことに気づいていないようです。

調査結果を店長に知らせる際、「ここの店舗は、空気が冷たく感じるのですが……」と伝えると、店長は「ちょっとお待ちください」と言って立ち去り、温度計を手にしながら戻ってきて「ちゃんと規定通り28度に調節していますが……」と答えたりします。職場の雰囲気に気づけていないのです。

言葉を変えて「職場のコミュニケーションに問題があるとお見受けいたしますが、いかがですか？」とたずねると「なんでわかるのですか？ 実は、部下とうまくいっていないのです」や「パートさんたちに派閥があって、なかなかまとまらないのです」など、たくさんの悩みが出てきます。

また顧客満足度のアンケートを拝見しても、冷たい空気が流れている職場は案の定、納期遅れや連絡ミスがあり、満足度が低い値を示しています。

職場風土は見えざる資産です。働きやすい職場、生産性の高い職場を皆でつくり出したいですね。

ある地方へ出張したときのことです。夜遅くなってしまったので、夕食をとろうにも居酒屋さんしかお店が開いていませんでした。

「女性１人で大丈夫かしら……」と不安な気持ちで扉を開けると、「いらっしゃいませ！

お1人様ですね。こちらの席が落ちつけますよ」と、不安を払拭するような気がきく案内をしてくれました。

店内は清潔にされており、お店の空気も活気があって、アルバイトさんたちがとても楽しそうに働いています。お客様との会話も弾んで、絶妙なタイミングでビールの追加の案内をしたり、料理を上手にお勧めして注文を取ったりと、売り上げもよさそうです。

私は仕事柄、ついつい調査モードになってしまい、アルバイトさんを捕まえて「どうしてそんなに楽しそうに働いているの？」と質問をしてみました。

すると、その青年は「ありがとうございます！　楽しそうですか？　うれしいです。実は、勇気が湧くものがあるんです」とニコニコしながら話してくれます。

「勇気が湧くものって何？」という私の質問に、彼はしばらく姿を消して、輪ゴムで括れた名刺サイズの分厚い紙の束を持ってきてくれました。

よく見ると、水に濡れた後に乾いたのか、ヨレヨレの汚いカードの束です。「それは何？」ときくと、彼は目を細めて「**店長が、僕たちが頑張ったことを書いて渡してくれる**んです」とうれしそうに答えてくれます。

詳しく聴くと、このカードを50枚ためると、クオカードや図書カードに交換できるのだそうです。

「なるほど、景品があるから頑張れるのね」と言うと「違うんです。ここだけの話ですが、僕たちは、お酒を飲む方のお相手をしますので、いいお客様ばかりではないんですよ。悪酔いされた方に絡まれたり、ビールをかけられたこともあります。泣きたくなることもたくさんあるんです。そんなときはロッカールームに駆け込んで、この紙の束をめくり直します。すると、すーっと涙が引っ込んで、元気が出るんです。店長は忙しいのに、僕たちを一所懸命に見てくれているんです」と、教えてくれました。

そのカードには、「今の笑顔サイコー！」「絶妙なタイミングだったな」「今の声掛けやる〜！」「頑張ったなあ！」などのメッセージが書かれていました。厨房で店長が濡れた手を拭きながら即座に書いている様子が見てとれます。

このカードは50枚たまっても本社には提出していないそうです。申請書の記入が面倒なのと、手元に残しておきたいからと、アルバイト全員が自分のロッカーに大事に保管しているのだそうです。

店長にもきいてみると「実は……」と言って、同じような束を厨房の扉から取り出してくれました。

そこには「日本一の板前！」「店長素敵！」と、いかにも学生さんらしい文字でしたためられています。

店長は「これ、僕も皆からもらえるんです。本社に出せば景品ももらえます。でもここに置いておきたいんです。僕の励みになりますから」と、おっしゃっていました。このお店に、また来たいと思わせる素敵な空気が流れているわけがわかりました。

ギスギスした職場では、お互いの力を発揮したり、もっとこうしたらよくなるということを、お互いが言いづらくなっています。

この居酒屋さんだったら、店長が「皆にもっとこうしてほしい」と言えば「はい！　喜んで」と改善でき、「店長、もっとこうしたら店がよくなるのではないでしょうか？」と、アルバイトさんからも店長に言うことができると確信します。

こうしてお互いに、さらにお店をよくしようとして、居心地のいいお店ができているのでしょう。

point

あなたは楽しくイキイキ働けていますか？
周りの人との関係や、職場でのコミュニケーションに悩んではいませんか？

2

優しいだけの先輩は成長の芽を摘んでいるのと同じ

ある会社から、後輩育成が機能していないため、先輩たちに研修を行ないたい、というご依頼をいただき、打ち合わせに行きました。

その際事務所に通されたのですが、入口近くで作業をしていた若い方からの、来客に対する挨拶がありません。見ると、身だしなみもよくありません。研修担当の方にお話を伺うと、彼は今年入社した新入社員だとのことでした。

最近の先輩たちは、後輩の態度や言葉遣い、身だしなみが悪くても注意できずにいます。

これでは会社全体の印象もよくないですし、お客様に挨拶ができていないということは、スタッフ同士でも挨拶をしていない可能性があります。そのような会社は往々にして、報連相もできていないのです。

打ち合わせ終了後に、先輩社員に「なんで後輩に注意しないの?」とたずねると「だって先生、コミュニケーションが悪くなると困るでしょ?」と返されてしまいました。

これでは後輩の成長の芽を摘んでしまっているのと同じです。

後輩が成長できるようにフィードバックし、支援していくことで、あなたの指導力も伸びるのです。

誰でも「嫌われたくない」「人に嫌な思いをさせたくない」と思うものです。しかし、ビジネスにおいては目先のことにとらわれず、会社全体のこと、1年後の自分のことを考えてほしいのです。

特に態度や身だしなみは、新入社員のときに注意をしてあげないと、改善しづらくなっていきます。「鉄は熱いうちに打て」とはよく言ったものです。

point

態度や言葉遣いが悪い後輩に、1年後もイライラしていたいですか？
それとも上手に指導して後輩に尊敬される先輩になっていたいですか？

3

後輩指導で悩んでいませんか？

後輩ができると自分の仕事に加え後輩を育てる仕事が増え、肉体的にも精神的にも負荷がかかることになります。

そんな中で頑張って指導しているのに、後輩は昨日教えたこともすっかり忘れ、忙しいときにまた同じことをきいてきたりします。先輩は、新人だから仕方ない……と再度教えますが、そのうち我慢しきれなくなって、「なんでこんなことができないんだ！」と怒鳴ってしまいます。

その結果、後輩が職場に来なくなってしまった……なんていう話も耳にします。

仕事は、コツを覚えればサクサクと進められるようになるのと同じで「後輩育て」にもコツがあるのです。ここからは、現場での後輩育成についてのコツをお話ししましょう。

最近ＯＪＴという言葉は当たり前のように使われていますが、「仕事を通じてトレーニングをする」ことであるＯＪＴが、現場では機能していないことが多々あります。

トレーニングとは名ばかりで、先輩が業務で手一杯な中、新入社員に指導せず見よう見まねでやらせたり、部分だけの指示をしてしまうのです。その結果、仕事の全体を把握できていない新入社員さんが少なくないのが現実です。

会社全体で育成計画を立て、仕組みをつくっていくことが大切ですが、ここではあなたのできる範囲での後輩育成についてお伝えします。

後輩のやる気やスキルの成長度合は、配属先や先輩によってまったく違ってきます。**育成者としての意識・スキルが問われる**わけです。

言い換えれば、新人を**うまく育てている配属先や指導担当者は、会社の上層部から高く評価される**ということです。

あなたには、仕事の場を通して、態度、マナー、技術、職場における役割、取り組み姿勢など、後輩を向上させるための指導と支援を、先読みして計画的に行なっていくことが求められます。

しかし、教える技術以前に後輩とのコミュニケーションの取り方が、問題になることがあります。関係をうまく築けずに、指導担当者あるいは新入社員が異動になる、ということも実際に起きています。

後輩を指導する基本ステップは、相手を理解する→伝える→納得させる→行動させる、です。後輩指導で一番大事なのは、この段階を踏んでいくことですが、多くの方が最初のステップでつまずいています。

あなたが最初にすべきことは、相手を理解することです。今どきの新入社員を理解するためには、先輩方との時代背景の違いを知ることが、非常に重要です。

リーマンショックの後、厳しい就職活動や、厳しいリストラ事情などを冷静に見ながら育ってきた世代の新入社員は、個人差はありますが「根本的に企業や社会は信用しない、し過ぎない」という考え方、価値観を持っているようです。

今までの「企業に入れば何とかやっていける」という「企業依存型」から、「自分のキャリアは自分でコントロールしたい」という、いい意味での「自己キャリア形成型」へ進化しています。そのため成長したいという気持ちが強く、短期間に成果を出したがる傾向が強くなります。

何社かの企業のマネージャーさんから最近、同じような話をされました。「今どきの若手から変な質問をされて、怒るどころかあきれてしまった」とおっしゃるのです。

新入社員から「この会社に入って得られるものは何でしょうか?」とか「この仕事でど

のような成長ができるのでしょうか？」「このお得意様で、僕は成長できるのでしょうか？」といった内容の質問をされるのだそうです。

これらの質問は、今どきの新入社員の考えを象徴しています。「今後何が起こるかわからない。リストラされたら困る。だから早く成長したい」という、**焦りや不安からくる**考え方です。

また、先輩が新入社員に「とにかくやってみて」という指示を出しても通じない、という声もよく耳にします。

新入社員が動けないのには、３つの理由があります。第一の理由として**短期成長志向**があります。

先輩たちの時代は、自分の先輩のやり方を見て察しをつけ、こんなときはこうしてみたらどうだろう……と手探りでも行動を起こしていました。

しかし、今どきの若い人は固まって動けなかったり、考えてばかりいて行動に移さないのです。これは前述した「不安」からくるものです。失敗を怖がるのです。失敗して悪い印象がついたらどうしよう、クビになったら困る、といった具合です。

「クビになりたくない、早く成長しなければ辞めさせられてしまうかもしれない」と、不安感が強く、成長を焦った結果、動けなくなってしまうのです。

そしてもうひとつの理由が、**納得行動志向**です。「これは雑用ではないか……こんなことに時間を取られていたら、自分の成長が止まってしまうからやりたくない」という考え方です。

このタイプの若手は、指示された仕事の意義や目的を納得することはもちろん、それを行なった後の自分の成長が見えないと、行動しない傾向にあります。

しかし、彼らの考える「納得」は自分中心なもので、組織の考えとはかけ離れていることが、先輩との間にギャップを生んでいるのです。これも、早く成長したいという焦りからきています。

新人社員が動けない３つ目の理由として、東北大震災以降から倫理観に重く価値を置く若者が増えていることも、念頭に置かねばなりません。

就職氷河期の先輩が新入社員のときに企業に求めていたのは、安定した待遇や雇用条件でした。

それに対して、今の新入社員は「この会社は入社時の約束をどこまで守ってくれるか」

新入社員の特徴別対応

1. 短期成長志向

この仕事をすればどのような成長があるかを、省かずに伝える

2. 納得行動志向

雑用と思える仕事ほど「行なうことの意味や意義」を伝える

3. 倫理重視志向

組織が社会に貢献できることを、日々の業務の中で折に触れて伝える

「自分の会社が社会にどう貢献しているのか」といった倫理的な行ないを会社に求める傾向があります。

例えば、就職時の会社説明会などで「うちの組織はＯＪＴ指導を徹底しています」と社員育成制度を重視していることなどを謳っていたとします。そんな会社で先輩社員たちの意識が他の仕事にいって、彼らの指導がちょっとおろそかになろうものなら「ほったらかしにしている」と判断して「約束が違う」と反発しかねません。

先輩たちにしてみれば時間がないとか、人手が足りないという理由があってもです。これは、新入社員世代が組織や会社を信頼していない心理からくる、**倫理重視志向**です。

彼らを指導する折には「私たちの仕事は、

このようにして社会に貢献しているんだよ」と具体的に伝えてあげると、彼らのモチベーションを上げることができ、そこから仕事の意義や価値を彼、彼女たちなりに考えていきます。

今どきの後輩を指導するためには、時代背景を知った上での対応が必要です。それぞれのタイプ別の対応を簡潔にまとめると、前ページの図のようになります。後輩の反応を先読みした指導ができるように、対策を持っておきましょう。

point

後輩指導するときは、相手の背景を先読みして理解することで、見えてくることがある！

4 指導のコツ

このところマネージャーさんたちのボヤキの中に、「自分で考えられない、指示待ちばかりする若い社員が増えた」というものが増えています。

これは裏を返せば、自分たち管理職が若手社員を「自分で考えて行動できるように教育すること」を怠ってきたことを意味します。

忙しさを理由に、後輩をきっちり指導せず、指示するだけの仕事をさせていれば、結果として仕事の効率はいつまでたっても改善されず、痛い目を見るのは先輩たちです。

こうなると、本来なら優秀な社員に育ったはずの人財が他社に転職してしまい、会社にとっても大きな損失となりかねません。

そこで、その場しのぎの後輩指導ではなく、先読みをした計画的な育成を実施することが必要になります。

ＯＪＴをうまく機能させるポイントは次の４点です。

①指導係の先輩は、１人で抱え込まないで、上司や同僚と課題を共有する

②半年から1年の、個人に合わせた育成目標・計画を作成し、本人と共有する
③本人と定期的にミーティングを行ない、進行状況などのフィードバックをする
④育成の進行状況により、必要であれば修正を行なう

PDCAサイクル

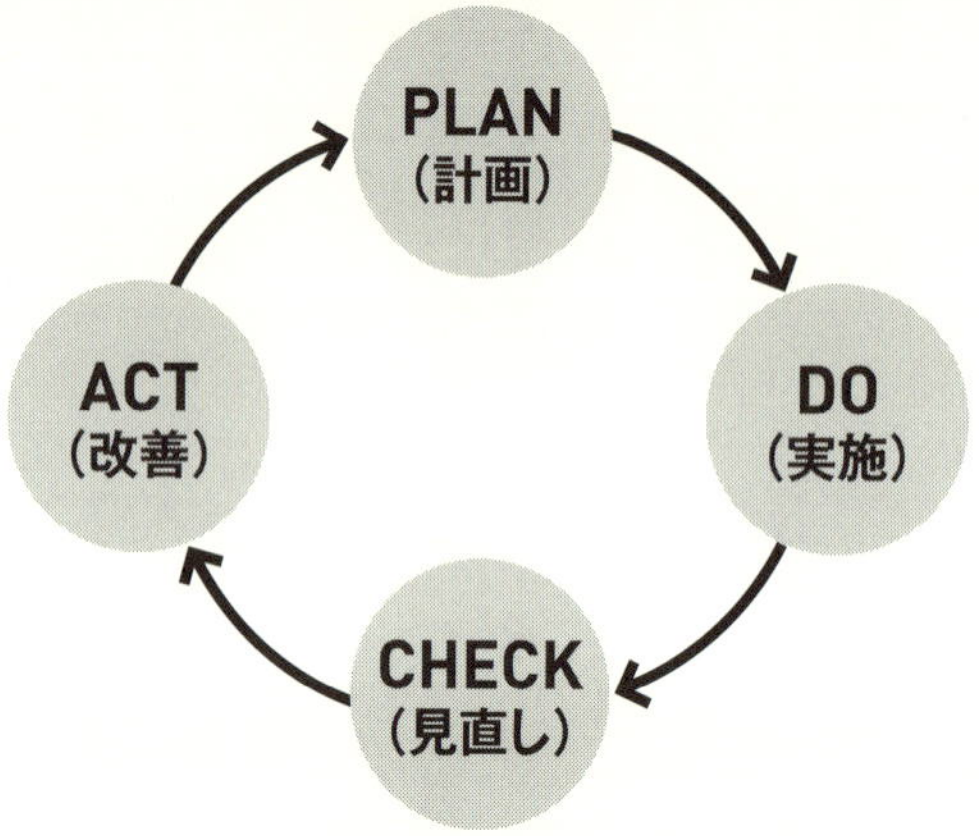

ＯＪＴは、何も一から十まですべて手取り足取り行なう必要はありません。まずは自分の置かれている状況に「気づかせる」ことが大切です。

そのためには、③のフィードバックをきっちりと行ないます。フィードバックとは、本人の置かれている状況や目標に対する進行状況など、客観的な事実を伝えることです。

特に若い社員は、仕事にまい進するあまり

周りが見えなくなることが多いので、フィードバックすることで、自分の現状に気づかせてあげることが大切です。

気づかせる→作戦を一緒に立てる→行動させる、この繰り返しで、熱いうちに鉄の形をつくっていきます。先ほど申し上げたように今どきの若手は成長したい、認められたいという気持ちが強いですから、面白いように改善されていきます。

そして、もうひとつ大切なのはＰＤＣＡサイクルです。

半年から1年の内容で育成計画を作成しますが、実践するにあたってはその内容を月、週に落とし込んでいきます。月ごと、または週ごとの目標に対し、ＰＤＣＡサイクルを循環させることで、日々の成長を確実に共有することができます。

その結果、後輩は短期間で自律型社員に成長し、あなたは本来の自分の仕事に専念できるようになります。

point

自律型社員を育てるには、フィードバックとPDCAサイクルを活用してOJTを実施することが重要

5 率先垂範する

私は、その人のレベルを知るのには、**わかる→できる→応用できる→教えられる→巻き込める→巻き込んで教えられる**、という段階があると思っています。「わかる」とはマニュアルや手順書を、こういうことか、と理解すること。「できる」とは、わかったことを体で表現できることです。これを体現と言います。体現の上が「応用できる」です。率先垂範とは、現場で応用している姿、つまり臨機応変に動いて体現している姿を、後輩に見せることです。

研修で挨拶を学び、入社当時は大きな声で挨拶していた新入社員が、そのうち挨拶そのものをしなくなってしまうことがあります。

「はじめはできていたのに、最近は身だしなみも崩れてきて、たるんでいる！」と言う前に、自分たちの姿を顧みる必要があります。せっかく研修で学んでも、職場の先輩が、行なっていなければ「やらなくてもいいのか」と人間は楽な方向になびいてしまうのです。

率先垂範ができてはじめて、説得力ある教え方が身につき、後輩に「教えられる」レベルになるのです。身だしなみや挨拶に限らず、率先垂範「できていないかも」と感じた方は、明日から頑張りましょう。

何でもそつなくこなす人よりも、できなかったことを、苦労してできるようになった人のほうが、教え方がうまいものです。後輩の気持ちを共感してあげられるからです。

率先垂範は現場で応用できること、その上のレベルが「教えられる」でした。さらに上の「巻き込める」レベルになると仕事はもっと楽しくなります。

「先輩がやるように俺もやります！」と後輩が巻き込まれ、勝手に仕事を覚えてくれます。

さらにその上の段階になると周りがどんどん育って、仕事が楽に見えてきます。「〇〇先輩のようになりたい」と、後輩があなたをリスペクトし出したら、その後輩はあなたの真似をし、自分から「やりたい」という気持ちになります。これが「巻き込んで教えられる」状態です。ここまで来るとあなたが直接指導を行なわなくても背中を見て育ってくれます。

point

後輩の見本になっていないかもしれない……気づいたときが、成長のチャンス
100%の力で教えられる人は150%努力している

6

後輩を叱るときのコツ

現場の社員に後輩指導の難しさをたずねると、「叱れない」「叱ったら折れてしまった」などの意見が出てきます。

先輩たちは忙しさと、後輩指導の難しさのイライラが募ると、何かのきっかけにそのイライラが噴火してしまうようです。これは「叱る」ではなく「怒る」です。

ついつい感情がたかぶって、この前の失敗の話を蒸し返したり、ずいぶん前に言いたかったことを「あのときもなー」と長々と話し出したりと、まったく違う話で怒っていたりしませんか？

こういうとき、後輩は「ハイ」と言いながら、内心は「またか……」と聞き流しています。たくさんの言葉を並べると、重みはどんどん薄くなっていくものです。

そこで、カーッとなる前に小出しにする方法をお勧めします。「今の違うよね。どうしたら○○できると思う？」その場でさらりと伝え、考えさせるのです。

研修中に、悪気なくペンをクルクル回す方がいらっしゃいます。研修には現場の姿が現われるので、私は必ず注意します。職場では誰も注意してくれないのです。

私からは見えてわかっているけど、彼はきっと気づいていないだろうな、ということを伝えてあげるのです。17ページでもお伝えした「軌道修正」の手伝い、つまり、よりよい習慣に持って行く手助けをしてあげるのです。

また、私は仕事柄、顧客満足のレベルアップを図る会議によく立ち合います。アドバイスを求められる機会も多く、部長の隣に座ることもあります。

会議中、部長がこっそり私をつつきました。「なんですか?」と聞くと、「ほら、加藤がまたペン回しているでしょ、あいつ本当に落ちつきがないんですよ」と小声で言います。

確かに、加藤さんは落ちつきがありません。部長は自分で注意すればいいものを、遠回しに私に注意してくれと言っているのです。

上司は黙って評価します。知らない間にラベルを貼られてしまって、何をやっても「どうせあいつは……」と言われかねません。そうならないように、本人は悪気がなく行なっていることも含めて、先輩のあなたが面倒を見てあげてほしいのです。

ペンを回していたら「ペン回っているよ。落ちつきなく見られたら損だからね。周りの人も集中できなくなると困るしね」と注意して、まずは気づかせましょう。

サンドイッチ話法

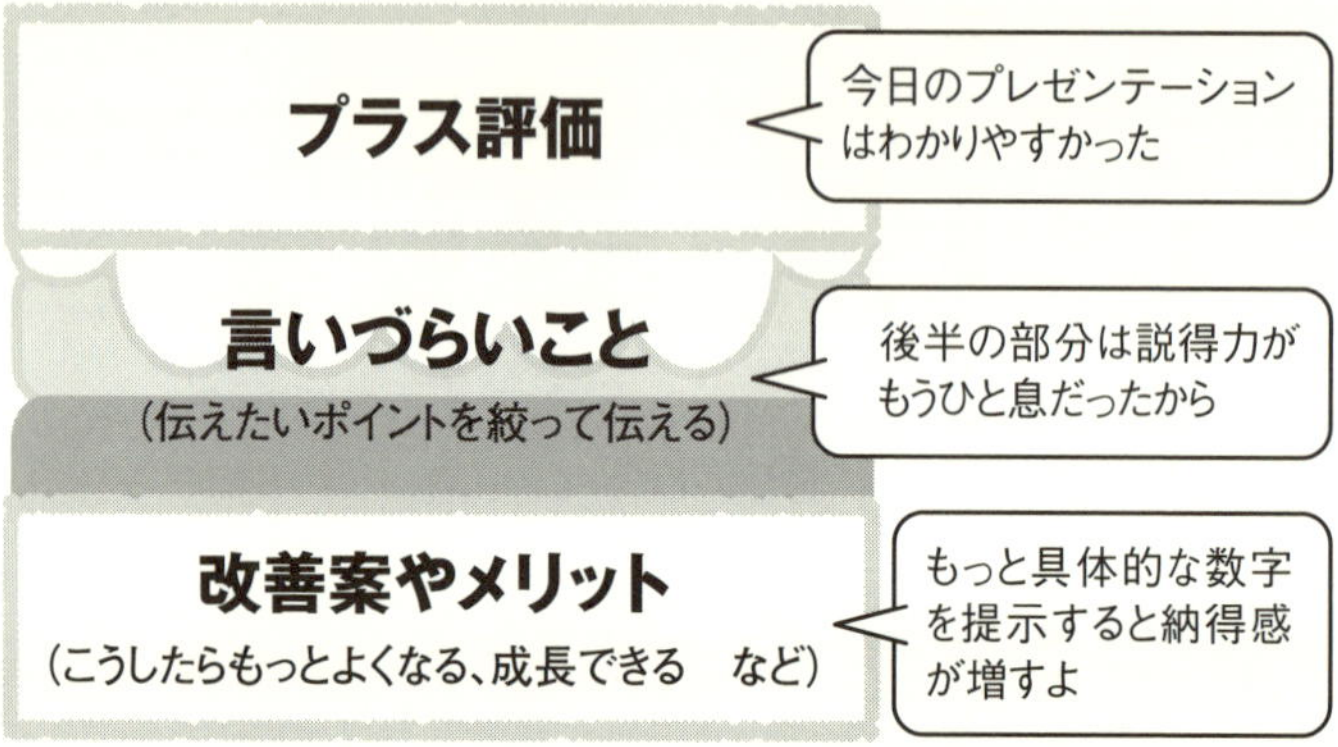
プラス評価
今日のプレゼンテーションはわかりやすかった
言いづらいこと
（伝えたいポイントを絞って伝える）
後半の部分は説得力がもうひと息だったから
改善案やメリット
（こうしたらもっとよくなる、成長できる　など）
もっと具体的な数字を提示すると納得感が増すよ

そのうえで作戦として、どうしたら回さなくなるか、を本人と一緒に考えて、例えば「置けば回さなくなる」と宣言してもらうのです。そして実行を見届けます。これが先ほど述べた「気づく→作戦→行動」です。決して難しいことではありません。

最近「気づかない部下が増えた」とマネージャーが嘆いていますから、まずは現場での「気づく力」をつけてあげましょう。

伝え方にもコツが要ります。まず短いセンテンスでわかりやすい言葉で伝えること。そしてサンドイッチ話法にすると相手は動きます。言いづらいことを柔らかいパンに挟むのです。

注意や反対意見は、特に相手に聞き入れて

もらえないものです。そのようなときは、注意する内容や、反対意見を**プラスのクッションで挟んで**伝えると、**相手は自分の心に受け入れやすくなります**。

「今日のプレゼンテーションはとてもわかりやすかった。特に出だしの部分はよく調べてあったね。後半の部分については、説得力がもうひと息だったから、もっと具体的な数字を調査して提示すると、さらに納得感が増すと思うよ」など、最初に賛成できる意見・プラスのコメントを伝えたうえで、反対意見やマイナスコメントを伝えます。さらに締めくくりに、建設的な意見や改善につながる、プラスのコメントで結ぶようにしてみると、相手も受け入れやすくなります。

新入社員は、前述したように成長を焦っています。ということは「こうしたら、より成長できるよ」と伝えてあげると、俄然やる気になってくれます。こんな相手の心理を知っておくのも、先読みのコツです。

point

自分のためにも、相手のためにも、イライラをためることはやめよう！
言いたいことは相手の心が動くように、心理を読んで言葉にする

7

安心感が人を動かす

続いては、指導し、叱るだけではない後輩や部下の動かし方のコツについてお伝えします。このコツは、お客様、上司、他部署の社員など、仕事を創造し完成させるのに関わるすべての人に当てはめることができます。「人を動かす」とは**「人の心と行ないを動かす」**ということです。

「人を動かすのは難しい」と感じている方も多いのではないでしょうか？　しかし、ちょっとしたコツさえつかめば、人を動かせるようになります。

人から理路整然と何かを言われたとき、「なるほど、言いたいことはわかった。でも、あんたに言われると嫌だ！」と感じることはないですか？

それでも「仕方なく」言われたことをやらねばならない、というときは、面倒くさいと思いながら、言われたまま工夫もせずに行なってしまいます。

反対に、尊敬している先輩から仕事を頼まれたときや、自分が大好きなこと、意義を感じていること、得意なことに対しては、「よし！　やる！」と、モチベーションが上がり、創意工夫をして、よりよい結果が出せるものです。
このように人間は「理」と「情」で動くのです。つまり、いかに潜在意識に訴えられるかが重要です。

人が動くときは相手がそれを好きか、あるいは興味関心があるか、それに応じた能力があるか、価値観が揺さぶられたかが大切になってきます。

人を動かすには、**まずは相手を理解することです**。私はカウンセラーの仕事もしています。相談者の方（クライエント）が同じ言葉を何回も伝えてくるときは、不安になっているときです。何に不安かというと、カウンセラーの私に不安なのです。

「わかってもらえていない」と不安になり、同じ言葉を繰り返し訴えてきます。これは私の意見が的外れだからなのです。

共感は人を動かします。カウンセラーが「○○だったのですね。それは△△でしたね」と、自分の気持ちに共感したときに、「この人は、わかってくれている」と感じ、そのときにはじめて心を開いてアドバイスを受け入れ、前に一歩踏み出すのです。

サッカーの日本代表が、２０１４年のワールドカップ出場を決めたとき、渋谷のスクランブル交差点は、大勢の警官や機動隊が辺りを囲み、一時騒然となりました。力をあり余らせた若い人たちが、ことあるごとに混乱を起こす有名なスポットですから、警察は先回りして警備を強化したのです。

このとき「DJポリス」として、多くのニュース番組で取り上げられたのが、交差点に溢れる人の波を、見事に事故なく誘導した1人の警官です。

彼は拡声器を片手に「皆さん、危ないですから歩道に上がってください。目の前の怖い顔をしたお巡りさんも、皆さんが憎くてこういうことをしているのではありません。**お巡りさんも心の中では、ワールドカップ出場を喜んでいるのです**」と、繰り返し叫びました。すると、交差点で大騒ぎしていた若者が、「お巡りさん！　お巡りさん！」と、歓喜の声を上げながら、踊るようにして整列し、見事に交差点を渡り切ります。**「この人はわかってくれている」と感じたとき、人は素直に聴く耳を持つのです。**共感が人を動かす。もっと言えば**共感されている＝安心**なのです。**安心が人を動かします。**

職場で相手を理解するためには、相手の話を傾聴することが大切です。傾聴とは興味関心を持って心で聴いてあげることです。「それは違う」などと話の腰を折らずに「なるほど、そう感じたんだ」「それは大変だったね」など共感しながら、質問をしてさらに話を深堀りします。

基本姿勢は、相手を見て、話にうなずく、相槌を打つ。当たり前のことなのですが、職場でこれができていないケースは山ほどあります。

パソコン仕事をしているとき、後輩が何かを伝えにきます。さて、あなたはどんな姿勢でいますか？　相手に体を傾けて聴けていますか？

コミュニケーション研修で、うなずきや相槌があるときと、ないときの差を比べる実験があります。ペアになって、1分間相手の話を無視して聞き流す場合と、1分間真剣に向き合ってうなずいたり、相槌を入れたり質問をしながら聴いた場合を比べます。

すると**聴き手の反応によって、話す側の話の内容がまったく違ってくる**のです。

聴き手の反応がない場合は「興味がないのかと**不安になった**」「途中で何を話しているか、わからなくなってしまった」「**話がまとまらなくなってしまい、逃げ出したくなった**」など話に集中できず、時間も長く感じます。

逆に、相手が真摯に聴いてくれると「うれしくなって、反応のないときには話さなかったことまで、話してしまった」「**質問されて、話がまとまっていった**」「広く深く話せた」「楽しかった」など、同じ1分間でまったく違う結果が出るのです。

ときどき、パソコンから目を離さずに「で、お前は何が言いたいんだ！」と怒鳴っている方を見かけますが、話の内容がわからないのは、相手の責任だけではなさそうです。

聴き手の役割として、**相手の話を受け止め、整理しやすいように支援する**ことも大切なのです。この訓練をしていると、自分の聴く力も高められ、後輩の話し方も上達します。

あなたが**真摯に話を聴いた後**に「今の報告の仕方は、以前より具体的でわかりやすかった。次回は結論を先に言って、その後に理由と経過の順に話すとさらにわかりやすいし、自分の頭も整理できるな」と伝えると後輩は、「この先輩はきちんと話を聴いてくれる」と安心し、きっと**次回は意識して話すようになります**。こうして**あなたの取られる時間も少なくなっていくのです**。

次の段階は**納得を得る伝え方**をすることです。**人を動かすには説得ではうまくいきません**。相手の興味関心や価値観など、相手への理解が深まったら、納得いく伝え方を相手に合わせて変えていきましょう。その方法については、後ほど詳しくお伝えします。

後輩が仕事ができないのは相手の能力がないから、という方が多いですが、現場で拝見すると、先輩の伝え方にも問題があるケースが多いのです。

「人は鏡」と言う言葉があります。チェーン展開している企業の店長から「笑顔の大切さを指導しているのに皆ができないのです」という相談を受けることがあります。こういうときは、店長本人ができていないことが多いのです。

店長に、まず自分が常に笑顔でいることを実行するようアドバイスすると、店長の笑顔につられて皆ができるようになったりします。このような事例はたくさんあるのです。特に後輩は自分を映す鏡だと、私は現場で感じます。

相手は鏡ですから、相手にすべて問題があると思い込まず、まず自分のコミュニケーションの取り方を見直すことが重要です。うまくいかなかったら鏡（後輩）をよく見ると、「見えてくる」ことがあります。

point

人を動かすには、まず心を動かすこと。説得しても相手は動かない
相手を理解し、相手の納得を得る伝え方をする

8

後輩をやる気にさせる相談の受け方

先日の研修で、受講者の女性が「私は昨年、本当に落ち込んでしまい、仕事を辞めようとまで考えたことがあるのです」と話してくれました。

さらに、「でも、落ち込んでいる私の相談に乗ってくれた先輩は、『○○さんには、こんなにいいところがあるじゃないか』とこの紙を渡してくれました」と、ご自分のスケジュール帳にきれいに貼ったメモを見せてくれました。

メモには、○○さんのいいところ……と、たくさんの文字が箇条書きになっています。

これを見たときに彼女は、「私の欠点は長所にもなるんだ！」とモチベーションがとても上がったそうです。この女性は現在、後輩の女性から「○○さんみたいになりたい！」と言われるほどで、同僚や後輩、お客様にもファンが大勢います。こんなすてきな女性を育てた先輩にお会いしてみたい、という気持ちにさせるほど、彼女は輝いています。

もし違う先輩に相談して、「そんなことを言っている暇があったら、早く仕事したら」や、「私が新人のときは、そんなこと……」と相手の気持ちを汲み取らずに自分中心に話を進められていたら、貴重な人財が他の組織に流れていたところです。

後輩や部下のモチベーションを上げたいと思う先輩、上司はたくさんいます。

でも、何をどうしたらいいかわからないのが本音のようです。

人間とは、できていないところばかりに目が行ってしまう生き物です。有名な話ですが、目の前にドーナツが2つあります。あなたはどちらに目がいくでしょうか？

なぜか欠けているほうではありませんか？なんで欠けているのだろうか、食べかけだろうか、と探ろうとしてしまうのも人の心理なのです。

特に、仕事を完璧に覚えきれていない新入社員に対しては、何でこんなこともできないの？　と欠けている部分が目立って見えてしまうものです。

「褒めることも大切ですよ」と私が言うと「だって先生、まったく褒めるところが見つからない人は、どうやって褒めればいいのですか？」とよく質問されます。簡単な方法があります。ドーナツの欠けていないところに目を向けるのです。

欠けたところしか見つけられない場合、あなたは後輩を自分との比較で見ています。

そうではなく、「入社したての頃より、この仕事随分早く終わらせることができるようになったね」「先月より○○ができるようになってきているね。次はこれを伸ばしてみようか」など、相手自身の中で褒めるところを考えてあげてほしいのです。

あなたのひと言は自分で思っているより、後輩に大きな力を与えます。いい影響、悪い影響どちらもです。人間力のある人は「周りにプラスの影響を与えられる」人です。できればプラスの影響を与えたいですよね。

point

相手に何をしたら最善か、相手の身になって考えましょう

あなたは昨日、どのくらい後輩にプラスの影響を与えられましたか？

9

女性の後輩をやる気にさせる

後輩が数人いると、同じ褒め方をしても、1人はモチベーションを上げても、もう1人にはまったく響かなかったり、あるいは逆に落ち込んでしまったり、反応がさまざまで、どうしたらいいのかわからなくなります。

また一般に、男女問わず異性の後輩が苦手でうまく動かせない、という話はよく耳にします。

女性と男性では脳の構造が違う、と言われており、これは男性脳、女性脳と呼ばれているものです。ということは、異性の考え方がわかれば、相手を今より理解することができそうです。

男女の脳には、どんな違いがあるか考えてみましょう。構造が違うのですから、伝え方を変える必要があります。

ここでは、特に悩みの多い「女性の部下」への伝え方について考えてみましょう。男性脳の後輩は、結果や数字を伝えるとそれに向かって動きます。しかし、プロセスを重視する女性脳の後輩は、情を動かされたり、イメージできないとなかなか動こうとしません。

男性脳と女性脳

男性

・成果を重視する
・支配したがる
・トップに立ちたがる
・形あるものを手に入れたいと考える
・規模を拡大することを重視する
・論理的な話が好き
・図表化されたプレゼンテーションを好む
・データ好き
・データ・有識者の意見・アンケート結果等で総合的に判断しようとする
・理にかなっていれば動く

女性

・プロセスを重視する
・過程を楽しみたい
・共に分かち合いたい
・仲間から外れることを嫌がる
・話し合える仲間、環境を好む
・人づき合いが中心
・規模の拡大を心配する
・感情を重視する
・役に立つことに重要感を持つ
・直感、イメージを大切にする
・好きか嫌いかを大切にする
・自分にとってどんな意味があるかで動く
・自分にとって価値が感じられないとやる気が保てない

また女性脳は、上下関係をあまり重視しない傾向にあります。その人が自分のことをどう扱ってくれているか、を敏感に感じています。特に、結果しか見ていない人には、ついていかないものです。ちゃんとプロセスも評価してくれたり、ねぎらってくれるかどうかを冷静に見ているのです。

先日、デパートに出店している食品会社の人財育成の相談を行なっているときに、現場でこんな問題が出てきました。

デパートでお寿司を販売している女性たちから、男性店長が気持ちをわかってくれない、と抗議が出たのです。

「やっと手が空いたので、ひと息つく間もなく、お寿司を入れる箱をつくっていたら、店舗を見回りに来たエリア店長に『箱ばっかり折っていないで呼び込みでもしたら？』と言われた」のだそうです。

「エリア店長はいつも忙しいときには来ないで、暇な時間帯にやってきて文句ばかり言うんです」と口々に言います。このエリア店長の担当するすべてのお店で、どうも皆がやる気をなくしています。

そこでエリア店長に、これは「成果の上がらないパターン」で、頑張っても皆がついてこないということ、男性の部下と違って女性部下にとっては、いかに職場内のコミュニケーションが取れているか、プロセスを認めてくれているかが重要だということを説明しました。

そして売り上げの数字や結果ではなく、プロセスである、箱を折る仕事や周りを清潔に保っていること、お客様へのアプローチの仕方に価値を置き、特にプラスのストロークを試してもらうことにしました。

プラスのストロークとは、相手をプラスの気持ちにさせる投げかけのことです。例えば、女性脳は自分の存在価値を認めてもらいたい傾向にあるので、店長には「いつも助かっています」「ありがとう」という言葉をどんどん投げかけてもらうことにしました。

すると、今まで疲弊していた女性スタッフがイキイキと働き出し、お客様アンケートの評価も上昇していきました。しばらくすると低迷していた売り上げは、みるみる上がりだしたのです。

後輩をやる気にさせるには、褒め方や指示の出し方と同様に、「聴き方」もまた重要です。聴き方には癖があり、自分ではなかなか癖に気づけません。チェックリストを用意したので、「はい・いいえ」で答えてみてください。どの箇所に「はい」が集中しているかでだいたいの癖がわかります。同じくらい「はい」がある方は複合タイプです。

聴き方チェックリスト

1から21の質問に、「はい」か「いいえ」で答えてください。
AからEのうち、最も「はい」が多かったグループがあなたのタイプです。

		チェック項目	チェック
A	1	必要以上に頷きながら聴く	はい　いいえ
	2	「それで?」「いつから?」など、好奇心から質問を投げかける	はい　いいえ
	3	何が原因かとても気になる	はい　いいえ
	4	あれこれ詮索して「もしかして○○と反りが合わないの?」とこちらから答えを導く	はい　いいえ
	5	矢継ぎ早に質問をしてしまう	はい　いいえ
B	6	「うんうん」「そうそう」と言うのが口癖になっている	はい　いいえ
	7	「わかるわかる!」と、簡単に同意してしまう	はい　いいえ
	8	どんな意見でも同意して聴いてしまう	はい　いいえ
	9	相手の悩みを自分事のように聴いてしまい、疲れることがある	はい　いいえ
C	10	問題解決は得意なほうだ	はい　いいえ
	11	はじめは話を聞いていたのに、いつの間にか自分が話してしまっている	はい　いいえ
	12	「〜してみたら?」「〜すればいいのでは?」と解決策を提示しながら聴く	はい　いいえ
	13	せっかく相談に来たのだから、いい案を出さないと相手に悪いと思ってしまう	はい　いいえ
D	14	普段から「〜すべき」という言葉を使う	はい　いいえ
	15	指示されるより、指示するほうが好き	はい　いいえ
	16	ついつい説教口調になってしまう	はい　いいえ
	17	「仕事なんだから仕方ないじゃないか」「仕事はそんなに甘くない」と最後は説教になってしまう	はい　いいえ
E	18	つい相手の話をはぐらかしてしまうことがある	はい　いいえ
	19	真剣に相談に乗ることはあまりない	はい　いいえ
	20	「またまた」「そんなこと言って」が口癖になっている	はい　いいえ
	21	「飲みに行ったら考え変わるよ」など論点をそらしたり、ふざけてしまうときがある	はい　いいえ

聴き方のタイプ

A 芸能リポータータイプ →	「いつからなの?」「で、何があったの?」など矢継ぎ早に質問を急いでしまうタイプ。相手は尋問されているように感じ、本音を言わない可能性がある。 相手にペースを合わせ、沈黙の時間も大切にするよう心がける。
B 過保護同情タイプ →	「わかるわかる」「そうそう」など簡単に同調してしまうタイプ。いつも同調していると、常に誰かが同調してくれないと不安になる、甘えの感情が生まれてしまう。 同情と共感は違うことを意識しながら、話を聴くことが重要。
C おせっかい自己満足タイプ →	「～してみたら」「きっと～だ」と勝手に助言を与えてしまうタイプ。相手に依存心を植えつけてしまう。本人が考えることをしなくなるため、成長の機会を奪いかねない。 こちらが答えを出すのではなく、相手が自分で考えられるように導く。
D お説教タイプ →	「職場を変えても一緒だろ」「だいたいお前は～」と、つい説教してしまうタイプ。その場では聴いているように返事をするが、それはその場限りの反応なため、相手は心を閉ざしてしまう。 相手の立場になって、一緒に解決策を出すように気をつける。
E 薄情楽観タイプ →	「そんなの今だけだって」「またまた冗談だろ」とごまかしたり茶化したりするタイプ。相談者は、「この人に言ってもムダ」と思い、諦めの感情を抱く。 普段から現実に目を向け、意識のアンテナを立てるようにする。

いかがでしたか？　ついこういう聴き方しているな、と思い当たったタイプがあるのではないでしょうか？

私たちは普段、人の話を聴いているつもりが、聴けていないことがあります。つい途中で自分の意見を言って、話の腰を折ってしまったりするのです。

相手にペースを合わせる、客観的に話を聴く、などタイプごとの改善ポイントを意識しながら、後輩や部下の話を聴くようにしてみましょう。

特に女性は感情がたかぶると饒舌になりますから、そのようなときは、腰を据えて話を真摯に聴く時間を設けることも必要です。

point

あなたは女性の話を真摯に聴いていますか？
「頑張って」ではなく「頑張っているね」「助かったよ」の言葉が、やる気のスイッチです！

10

年上の部下や後輩の指導のコツ

最近、若い店長・リーダーが増えています。入社2年目から店長を任される方もいらっしゃいます。そうなると、パートさんや部下を上手にマネジメントし、動かすのが仕事なのに、年上の部下や後輩のほうが現場に詳しかったり、仕事の腕が上だったりすることも、当然出てきます。

そのため、委縮して何も言えない、逆に押さえつけようとして反発されてしまうなど、なかなかうまくいかないことが多いのです。

いかに「年上の部下・後輩」の能力を引出し、活かすか、あなたの腕が問われます。

一番大切なのは彼らが**人生の先輩であることを肝に銘じること**です。年上の部下のプラ**イドや経験を尊重すること**が大切です。**自分の意見を一方的に伝えるのではなく、部下・後輩の話にも積極的に耳を傾ける**「傾聴」の姿勢を持ちましょう。

そしてもうひとつ重要なことは、**どんな役割を担ってほしいのかを明確に伝え、真摯に協力や助力を仰ぐ**ことです。

年上の部下・後輩はあなたに気を遣います。自分が勝手に動いていいのか迷い、指示を待ってしまう傾向にあるようです。それを勘違いして「社歴が長いんだから、このくらい気を回してやってくださいよ」などと、心ないことを言ってしまうと「こっちは遠慮してあげているのに、何様だと思っているんだ」と次からはあなたの言うことを聴いてくれなくなってしまうのです。

コミュニケーションはキャッチボールと言われています。けれどボールは違う方向に飛んで行ってしまうことが多々あるのです。

そんなときに役立つのが、フランス語で「橋を架ける」という意味の「ラポール」です。相手の心と自分の心に橋を架けること＝**信頼関係を構築**することから始めます。

そのためには、役職の上下は人間性の優劣や人間の格を意味しているのではない、という考え方が必要です。上司・部下の双方が、それぞれの持ち味を活かし、仕事のスタイルや能力を尊重し、クリエイティブな関係性を創る。上司として「部下・後輩を認めている」という姿勢が、相手の心を動かし「橋を架ける」ことにつながります。

また、橋を架けるには相手の心を動かす伝え方が求められます。伝え方がマネジメント上重要になる、と心得なくてはいけないのです。では、年上の部下や後輩にはどのように伝えたら心が動くのでしょうか?

厳しく伝えることは極力避けます。相談するという形をとり、説得するのではなく、納得を得る伝え方をしましょう。

また、彼らは人生経験が豊富なだけに、それぞれ個性があります。その個性を把握して個別に対応します。当たり前ですが、年長者を立てるという意識を持ち、言葉遣いや態度でもそれを表わしましょう。経験豊かで仕事の技術にも長けた方であれば、人財育成や皆にアドバイスをする役割を与えるのも一案です。

年上部下・年上後輩との関わりで一番難しいのが、褒めることです。年下から年上を褒めるなんて、どうしたらいいかわからない、あるいは褒めるとかえって馬鹿にされていると思われるかも……と、悩んだ経験は皆さんもあるのではないでしょうか?

このような理由から、認める言葉をかけていないため、年上の部下・年上の後輩といい関係が構築できていない、という事例もたくさんあります。

では、年下から年上の方を、どう褒めたらよいのでしょうか? 具体的な例を挙げてみましょう。

年上部下が、「この間の書類を直してきましたので見てください」と、修正をお願いしていた書類を持ってきました。とてもよく仕上がっています。

そのことを伝えるとき、あなたは次のどちらの伝え方がいいと思いますか？

Ａ「よくできていますね」

Ｂ「内容がよく伝わってきます。やっぱり○○さんにお願いしてよかったです」

これは逆の立場になったことを考えると一目瞭然ですね。

Ａの「よくできていますね」という言葉は、年下のあなたが、相手を評価しているように聞こえてしまいます。Ｂの「内容がよく伝わってきます。やっぱり○○さんにお願いしてよかったです」は、あなたの気持ちがダイレクトに伝わってきます。

なぜならば、「私に内容がよく伝わってくる」「私は○○さんにお願いしてよかった」という**Ｉメッセージ**を使っているからなのです。「私は」と**主語を自分にする**だけで、あなたが相手を認めていることが伝わりやすくなります。

このほかにも、「フォローしていただいて、助かりました」「ご利用者様に喜んでもらえて、とてもうれしいです」などのＩメッセージを送ると、言われた相手は「評価」という印象を受けずに、素直に「褒められた」と受け取ってくれます。

本人が自ら「助かった！　ありがとう！」と言っているのですから、上から見られているという印象が弱くなり、年上の方も受け入れやすいのです。

人は誰でも、役に立ちたい、認めてほしい、今より成長したい、と思っています。これは年上の方も同じです。年上、年下にかかわらず、Ｉメッセージを使うことにより、あなたの本来の言いたいことが相手にも伝わり、よりよい関係を築くことができるようになります。

私が実施している「年上の部下・後輩の力を引き出す、若手リーダーのセミナー」で一番質問が多いのが、叱り方です。「叱る」ですから、感情を入れたり人格を否定する言葉はＮＧです。

普段のコミュニケーションが取れていない状態で、「だからあなたは～」や「年上のくせに～」「50歳にもなって～」と言ってしまうと「パワハラ」になってしまいかねません。あなたの評価も大幅ダウンです。何より、その方に対して心の傷を負わせてしまう可能性もあるのです。

ちゃんと注意しなければいけないと思っていても、先輩のプライドを考えると、なかなかできないのが年下の上司・先輩の本音です。

思い切って注意をしても、反抗的な態度を取られたり、聞き流されたり、反論が返って来て気まずくなることもあります。では、どうしたら効果がある伝え方ができるのでしょうか？　ここでは5つの方法をご提案します。

・ヘルプのIメッセージで伝える

Iメッセージは前述した通り「私は～」で始める言葉です。先ほどと違うのは「助けてほしい」というメッセージを投げかけることです。

相手の過失を責めるのではなく、「～していただくと助かります」「～に困っています」と伝えることで、相手もこちらの指摘を受け入れやすくなります。

例えば「この包み方、どこが悪いかわかりますよね」「何回言ったらわかるんですか……」。これではだめです」と言ってしまうと、こちらのイライラした感情が伝わって相手を不快にさせてしまい、効果はありません。相手を責めるYOUメッセージではうまくいかなくなってしまうのです。

「この包み方、もう一度やり直してください」は、先ほどよりはましですが、これでは、相手がどう改善したらよいのかわかりません。指示された側も困ってしまいます。では、どうしたら伝わるでしょうか？

例えばこのような言い方に変えるだけで、ずいぶん印象が変わってきます。

「丁寧に包んでいただかないと困ります。うちのお客様は包み方にこだわっている方が多いのです」「職場には5分前に入っていただけると助かります」いかがですか？　Ｉメッセージでこうしてもらいたいということが、はっきり伝えることができていますね。

・人前で叱らない

人前で叱ってしまうと「恥をかかされた」「プライドを傷つけられた」「年下からなんでこんな目にあわされるのだ」という思いが、反抗心に火をつけたり、モチベーションを低下させたりします。

日頃の些細なミスはその場で指摘しても構いませんが、例えば年上の後輩から、報告がなかなか上がってこないときは「報告してください！」「報告してくれないとだめじゃないですか」と、叱るのではなく「対応が遅れるとお客様に迷惑がかかってしまいますので、すぐに報告をしていただけると助かります」など、あなたがどういう気持ちで訴えているのか、**Ｉメッセージを使い、相手がどうしたらよいのかをしっかり伝えましょう。**相手はどう動いてよいか納得して動けます。

・後に引きずらない

注意をした後は、そのままにするのではなく、普通に話しかけるようにしましょう。嫌って言ったのではないことを感じてもらいます。

・軸をぶらさない

陥りがちなのが、注意した後に気まずくなって、あなたが言い訳をしてしまうことです。注意した後に下手に言い訳をすると、上司・先輩としてのメッセージがぶれてしまいます。

・第三者に注意してもらう

信頼関係を築けていない相手に注意しても、聞き入れてもらえないことは多いものです。説得では人は動きませんから、その方が納得する人から注意してもらいましょう。

信頼は安心の積み重ねです。普段からの関係づくりは、**あなたから声がけをしていくこ**とがうまくいく秘訣です。

point

年上部下に遠慮をするのは、自分の役割を果たしていない証
真摯に向き合い、協力や助力をお願いすれば、
あなたの考え方と伝え方次第で、力を発揮してもらえる

11

基本的なマナーが身につかない後輩の育て方

仕事柄、店舗調査で全国を回っているので、数多くの現場の悩みをお聴きします。

なかでもよく寄せられるのが「後輩のマナーの悪さ」です。年々加速していくようですが、最近は家庭での親子関係が友達感覚になり、ヘタをすると学校でも「先生との会話は敬語を使わなくていい」と先生が自ら言っているそうです。

先生は、そのほうが悩みごとも言いやすいだろうと思われたのかもしれませんが、学生のうちに敬語の使い方を学んでいないと、社会に出てから苦労するのは本人なのです。

携帯電話がない時代には、彼氏に電話をかけるにも、ドキドキしていました。父親が出てしまったらどんな言葉で話そうかと悩んだ末に、父親が出てしまったときのことを想定して、言葉遣いを紙に書いてから電話をしたものです。

今は携帯電話で本人にダイレクトにつながりますので、学生時代に言葉遣いに注意を払う必要もなければ、誰からも注意をしてもらえないのです。

基本的なマナーがなっていないのは①**知らない、**②**知っているけどやらない、**③**できな**

い、④やっているつもり、の4タイプに分けることができます。

タイプ①の「知らない」というのは、前述したように、教わってこなかったからわからないのです。

某ホテルの若いスタッフが、ツイッターで悪気なく「今、うちのホテルに有名人が恋人と2人で来た」とつぶやいてしまったり、有名人のカードの明細を写真つきで投稿してしまったり、アルバイト先のアイスケースに寝転んで記念撮影をしている姿を投稿したり……いずれも会社の屋台骨を揺るがす大事件になったにもかかわらず、本人たちは遊び感覚です。

これはマナー以前の問題です。最近の新入社員研修では、電車内では携帯電話で話さないなど、ビジネスマナー以前の公共の場でのマナーから始めてほしい、というご要望も増えてきました。

「知らない」のであれば、先輩が教えてあげましょう。

マナーを後輩に教えるときには、お辞儀の角度などから始めるのではなく、なぜそのマナーが必要なのか？　から説明しましょう。なぜならば、お辞儀の角度は枝葉の部分だからです。

職場でのマナーは、臨機応変に動けないと意味をなさないのに、枝葉の部分から始めると、応用がきかなくなってしまうのです。

臨機応変に動ける後輩を育てるためには、マナーの軸となる幹の部分から教えます。

なぜ、マナーが大切なのか？　なぜこういうことをしてはいけないのか、が重要な幹なのです。後輩が「マナーを身につけたら得なのだ」と納得できるように教えましょう。

納得行動思考の若手は、納得するとしっかりと守り、行動に移せます。


ここで、マナーはなぜ大切なのか、先輩のあなたが理解しておく必要があります。

東日本大震災の後、テレビのＣＭでこんな言葉が流れていました。**「心は見えない。でも心遣いは見える。これがマナーです」**というものです。私は思わず拍手してしまいました。その通りなのです。

私たちの心は相手には見えないのです。思いやる心を表現してはじめて、相手に伝わるのです。相手に迷惑をかけないというレベルは「エチケット」です。

その上のレベルがマナーです。相手に対する自分の心を表現するツールなのです。

私の得意先の事務所には、「言葉遣いは心遣い」という標語のポスターが、貼ってあります。

マナーに限らず、私達が相手に提供するものは「心」プラス「スキル」がセットになっていないと喜んでいただけないのです。それを一人ひとりが、企業の顔として表現していく必要があります。

特にマナーはその人の品格を表わしますから、身だしなみや言葉遣いが悪いと、「この人に、この会社に仕事を任せて大丈夫だろうか？」と相手を不安にさせてしまいます。マナーは、**自分の価値を上げるためにも大切**なのです。


では、**タイプ②の「知っているけどやらない」**とはどういうことでしょうか。

研修担当者の方から「新入社員向けのマナーセミナーに参加させたところ、会社に戻って2〜3日は、皆元気に挨拶したり、頑張るのですが、続かないのです」というご相談も多く受けます。

マナーを習った当初はできるが、継続できない。このようなお悩みの大半は、教え方と風土に問題があります。「何のために挨拶するのか、何のために身だしなみがあるのか」を教わらずに形だけ習うと、続かないし応用もききません。そして人は楽な方向になびくものです。

先輩が習慣として挨拶を行なっていなければ後輩は、「このくらいやらなくても大丈夫」と判断するのが一般的です。

セミナーに参加して「やる気」で戻ってきた受講者の方が、先輩に挨拶しても返事をもらえなかったらどうでしょう……。

ある自治体の研修で、先輩たちが悪気なく「元気のいい新入職員が入ってきて、毎日全員に挨拶している。きっと３ヶ月持つか持たないかだ」と話していました。

このような先輩の考え方や、挨拶をしない習慣がそこの組織の「風土」となります。**「職場風土は見えざる資産」**と言います。その新入社員の挨拶は、予想通り３ヶ月持たないでしょう。もし先輩が「頑張っているね。皆が気持ちよくなるよ。ありがとう」や「私達も見習わなければね」と一緒に挨拶を行なっていけば、彼はずっと頑張ります。そして皆で協力し合える職場風土が生まれるでしょう。

風土になれば、次に入ってきた新入職員は、挨拶は大きな声で皆が交わすものなのだと認識して、誰も教えなくても大きな声で行ないます。

タイプ③の「できない」というのは要注意です。意欲が低下しているか、悩みごとがある可能性があります。この場合はあなたの傾聴力がものを言います。なぜできないのかを聴き出す必要があるのです。

　どちらのケースも相談に乗ってあげましょう。意欲が低下しているのであれば、原因は何か？　どうしたら意欲が湧くのか一緒に考えていきます。悩みごとがあれば、話の腰を折らず、まずは聴く耳を持ってあげましょう。


タイプ④の「やっているつもり」とはどんな状態かというと、例えばこんなことはありませんか？

　先日、ある若い店長さんから「私は率先垂範が大事だと思い、現場で一所懸命に見本を見せています。それなのに、『いくら笑顔を出して！　笑顔はこんな感じよ！』と教えても、彼らはまったくできません。どうしたら笑顔ができますか？」と相談されました。彼女は、自分が見本を見せているのに、なぜ学生アルバイトさんに伝わらないのかで悩んでいるようです。

　アルバイトさんは、自分ではできているつもりなので「やっているのに、何で店長は文句を言うのかな？」程度にしかきいていないのでしょう。本人ができていると思っている限り、前に進みません。

　このようなことは、感覚でしか伝えていないから起きるのです。特に女性の先輩が男性の後輩に指導する際は、**「感覚ではなく、具体的な数値で伝える」**ということに気をつけないと、男性脳は理解できないのです。

笑顔を教えたいのなら「上の歯を８本私に見せて。ここまでしないと相手は笑顔を認識してくれないよ」と伝えます。そして「まだ４本しか見えていないよ。これでは、相手にうれしいという気持ちは、表現しきれていないよ」と、先輩が８本と４本の見本を見せてあげましょう。

「見え方はどう違う？」と、質問するとさらに自分で考えるようになり、脳裏に残っていくのです。

point

「知らない」のであれば重要性とマインド・スキルを教える
「知っているけどやらない・できない」のには理由がある
「やっているつもり」にはONE TO ONEのアドバイスが必要
押しつけでは人は動かない

5章

お客様をファンにする仕事力

1

ここまで来たら お客様を動かすのは簡単！

上司、後輩との関わり方の基本、タイプ別の社内コミュニケーションの基本、そして人を動かす伝え方など、本書では、「人間力」の基本である「お互いに創造できるコミュニケーションについてのコツ」をお伝えしてきました。

ここまで来たら、お客様を動かすことも難しくありません。「人を動かす」とは**「人の心と行ないを動かす」**こと。つまり、何度も述べてきた「理解→納得→行動」のことです。ここからは、お客様を動かすための先読みのコツをお伝えします。

私は営業さんに同行して、どうしたらもっと業績を上げることができるか、改善策を検証する仕事もしています。「あの場面でこんな質問をしていたら、もっと相手の悩みが聴き出せたのでは？　ここではこちらが話してしまうより、お客様の話を聴いていたほうが、もっと的が明確になったはず」など、営業さんが、自身ではわからないことを客観的に見ていきます。

そこで見えてきたのは、売れている人、つまりトッププレーヤーには共通点がある、ということです。ファンが多い人の共通点を、エピソードと共にお話しします。

(1)軸をぶらさない

働く上での「軸」というのは企業理念です。できる人は軸をぶらしません。私のお得意様の、ある企業では「お客様に選ばれる会社になる」という企業理念を掲げています。ファンの多いスタッフは、この理念を体現できています。「お客様に選ばれるためには、今どうするべきか」がわかるからです。

例えば、事務仕事をしているときに電話が鳴ったら、どちらを優先するのか？

お客様からの電話を優先するスタッフと、自分の作業を優先するスタッフ、選ばれるのがどちらかは明快です。電話に限らず、身だしなみも、言葉遣いも**「選ばれる」ためには何をするべきか**はおのずとわかるでしょう。

これは商品を提案する際も同じです。お客様がどうしたいのか、自社の商品をどういう目的で使用したいのか、傾聴しなければ的を射た提案ができません。しっかりとご要望を聴き、こちらからも質問しながら最適な商品をお勧めする。これが「選ばれる」こと、つまり「またあなたに、お願いしたいと思われる」ことです。そう思われることが、リピートにつながるのです。

入社して3年目ともなると、頭では「お客様に選ばれるために動くことは、当たり前」と思っています。でも実際にお客様の前で、上辺だけの話を聞いて、お客様の立場ではなく、自分の売り上げ、数字のために提案をしている方のなんと多いことか……。

もちろん数字も大切です。しかし、数字は手段であり目的にしてはいけないのです。確かに、私たちは決められた目標はクリアしなければなりません。けれども、「お客様に選ばれる」という軸がぶれ、数字を求める気持ちが勝ってしまうと、自分優先の小手先の関係を生み出してしまうのです。

できる人は「先読み」していますから、**「今、何をすれば1年後の注文をいただけるか」を考え、半年、1年先の関係構築を想像し創造**していきます。すると、自分が目先の利益にとらわれていたことに気づき、ぶれていた軸を元に戻せます。

お客様は敏感です。あなたの提案が自分本位なのか、それともお客様のことを真摯に考えて提案しているのか、あなたより敏感に感じ取ります。

(2)できる方法を考える

マネージャーさんがよく「できないやつは必ず言い訳から入る」と言います。何かを頼もうとすると「～だからちょっと……」「それは～だから無理なんじゃないですか？」と、やってもいないのに無理だと決めつける、というのです。
これとは逆に、頼りになる部下は「～のようにしてみましょうか」「～という手は使えないでしょうか」と、**「どうしたらできるのか」から考える**習慣があるのです。この習慣は、お客様に対しても同じ傾向があります。あなたはお客様からのご依頼に、できない理由を先に言ってしまっていませんか？

社員一人ひとりの力は限られています。無理難題が出てきたら、他にどのような資源を利用できるか、すべての資源を総動員できる「駒」を日頃から先読みしてつくっておくことが大切です。

あなたは何でもひとりで解決しようと思っていませんか？　若いうちは特に、何でもひとりで成し遂げることが評価につながると思い込んでしまいがちです。そうではなく、先輩、上司、他部署の人など組織を上手に使うと、さらに上の仕事ができるのです。

組織はあなたが、**いかに周りを巻き込んで仕事ができるか**を、ひとつの能力として評価しています。

「できない理由」ではなく「どんな資源を利用したら実現できるか」に注目しましょう。

もちろんその資源は、その辺に転がっているわけではありません。**いざというときに使えるように、日頃から種をまいておく**ものなのです。先輩とのコミュニケーション、上司との関係、他部署との交流など、今からしておけることは山ほどあります。

先読みをして今日から駒をつくる努力をしておけば、将来部下ができたときに「じゃあ、俺のツテで何とかしよう」と、カッコよく部下を助けることができます。もし、駒がなかったら部下と一緒に悩むことしかできないかもしれませんね。

(3) 話を聴くのが上手

売れる、ファンが多い営業さんの共通点は**「話し上手」**ではなく**「話させ上手」**なことです。「なるほど〜」「そうでしたか」という相槌を絶妙なタイミングで入れていきます。そして「それからどうしたのですか？」「〜のときはどうなさっているのですか？」と、これまた鋭いタイミングで質問をします。

先日、友人たちとの食事の席で「家の収納」の話になりました。1人が「もう住んで9年になるから、壁紙も貼り替えたい」と話すと、リフォームをしたばかりで、できばえに大変満足している、という別の友人が「すごくいい営業さんを紹介する」と言います。

彼女は、リフォームする際に5つの会社から見積りをもらい、5社の中から値段ではなく、どれだけ話を聴いてくれたかで決めたそうです。女性にとってキッチンやリビングは、使い勝手がよくなければ困ります。「彼女だけは、どのように暮らしているのか、どこをどうしたら暮らしやすいか、一緒に考えてくれた」というのです。

他の営業さんは、決まりきった質問をして、すぐに見積りを出してきたが、彼だけは違っていたのです。「この部分はどのような使い方をしていますか？」と、どう暮らしているか、どうなったら便利か質問しながら、一緒に考えてくれたのだそうです。

話が得意な営業さんは、つい自社のいいところばかり話してしまいがちですが、お客様が求めているのは「私にぴったりなもの」「私の悩みを解決してくれること」なのです。

仕事でお会いする、トッププレーヤーの中に寡黙な方がいて、なぜ売れているのか不思議に思うことがあります。彼に同行してわかったのが、自身は話さなくても、相手の話を引き出すのがうまいのです。そして小さなことも聴き逃さず絶妙な頃合いに、相手が喜ぶ情報やものを持っていくのです。

つまり「的を外さない」ということです。お客様の小さなひと言を聴き逃さない、ということが大事なのです。

(4) 簡単な言葉で話す

ジャーナリストの池上彰さんは、各局のテレビ番組に引っ張りだこです。なぜ売れているか、それは話がわかりやすいからです。

売れている人は、話がわかりやすいのです。

これは商品説明をする営業さんにも、同じことが言えます。難しく話してしまうと、相手の耳にシャッターが下りてしまうからです。お客様は、専門用語など聞きなれない言葉が出てくると、その先の話が耳に入ってこなくなるのです。

池上さんは昔、『週刊こどもニュース』という番組に出演されていました。池上さんがお父さん役で小学生の娘と息子に、社会で起こった出来事をわかりやすく解説する、という内容の番組です。

池上さんが、なぜわかりやすく話すことができるのか、伺ったことがあります。多くの方から同じような質問されるそうですが、池上さんは「僕の話がわかりやすいならば、それは苦労しているからじゃないでしょうか」とおっしゃいました。

「台本を書く時間は別にして、リハーサルから撮影終了まで、30分番組をどのくらいの時間をかけて収録していると思いますか？」と池上さんから質問され、「5時間くらい？」と考えていたら「3日かかるときもあります」と言うので、びっくりしてしまいました。

例えば、「政府が〜」と話し始めると、相手はお子さんですから素直に「政府って何ですか？」と質問をぶつけてくるそうです。すると「……確かに政府っていうけど、皆わからないよね」と、台本を書き直さなければならなくなる、ということでした。

なるほど、**わかりやすく話せる人は、それだけの準備をしている**のですね。あなたは、相手にわかりやすく話すために、どのくらい準備をしていますか？

(5)間の取り方が上手

売れている営業さんと同行し、なぜ皆がこんなに話に引き込まれるのか観察して、わかったことがあります。同じことを話しても「ふ～ん」という反応の「売れない営業さん」と、「おー！」と言われる「売れている営業さん」の話し方の差は「間」なのです。

私の研修先であるバウムクーヘン屋さんでは、社名の焼印サービスが人気です。お客様の依頼を受けて、社名やメッセージを、バウムクーヘンに焼印します。これは、お得意先への手土産として、たいそう喜ばれるのだそうです。

いつものように営業さんと同行したときのことです。普通の営業さんは「社長、焼印の見本ができました。こんな感じです」と、持参したバウムクーヘンを渡します。すると社長は「ふ～ん」と、気に入ったのか、気に入らなかったのか、反応が今ひとつです。

次の日は、この会社のトッププレーヤーに同行しました。すると彼は、紙袋からバウムクーヘンの箱をサッと取り出します。ここまでは早かったのですが、箱をなかなか開けようとしません。そして、「社長！　できました。（間）」「これは目立ちますよ～（間）」「ご覧になります？（間・間・間）」「ほら！」と、かなりじらしてから開けるのです。

すると社長は「ほ〜面白いな。いい感じだ」と、興味を示します。商品はまったく同じものでも、わくわく感を醸し出す「間」があると、与えるインパクトが違うのです。

成果の上がらない営業さんは、空白の時間を怖がります。「とにかく話すこと」がお客様のため、と考えているので、黙るのが怖いのです。しかし、そのサービス精神が裏目に出てしまっているのです。

前述したように、営業さんは、お客様の困りごとや、もっとこんなサービスがほしい、という要望を聴き出すこと、つまり相手に話をさせることが重要なのです。**間があれば、相手は話すタイミングをつかめます。**

成果が上がらない営業さんほど、自分の話ばかりします。この「間」の重要性に気がつけば、自然に相手との関係ができていくのです。「間」も先読みした相手への気遣いです。

(6)お客様の目線を先読みする

先日、台風で新幹線が止まり、仕方なく駅ナカの中華レストランで昼食をとることにしました。

そのお店には、てきぱきと気がきく対応をしてくれる女性がいました。

水をおかわりしたいな、と思った瞬間に「お水はいかがですか？」と持ってきてくれます。食事を終えて、まだ電車も動かなそうだから、コーヒー飲もうかな……と思うと彼女は絶妙なタイミングでそばに来てくれます。「できる！」と思い、なぜ気のきいたタイミングで動けるのか、彼女の動きについて、いつも覆面調査をしているように観察してみました。

やはり、できる人の共通点である**「お客様の動きをさりげなく観察」**することができているからなのです。

彼女は、お客様の目の動きまで見ています。私がコップの水が少なくなったなあ、とグラスを見ている目線を見て、サッと水を持ってくる。コーヒーを頼もうとしてメニューに目線をやると、サッとそばに来ている。まさに気がきく人の先読み仕事です。

その後、晴れているけれど風がやまないと新幹線が動いてくれないなあ、と不安な気持ちで、窓の景色を眺めていました。

彼女は日差しがきつくなってきたので、窓際のお客様の顔に日が当たらないように、サッとブラインドを下ろし始めました。このとき、窓からの景色を見ていた私の視線を上手に読み取って、私の席からは外がちゃんと見えるように、ブラインドの高さを調節してくれたのです。

私がお店を持っていたら、スカウトしたくなるような、さすがの気配り、目配りでした。

(7)お客様の時間を奪わない

167ページにも書きましたが、**売れている人は、お客様の心の的を探すのが上手**です。的を絞って効率のいい営業を実現させています。的はずれだと、なかなか決まらないのです。ああでもない、こうでもないと、お客様との会話の多さに満足して営業した気持ちになっていたら要注意です。

きちんと準備をせず、目的もハッキリしないまま商談をスタートすることは、お客様の貴重な時間を奪うことになるのです。やたらに矢を射るのでは、自分の時間も相手の時間も奪うことになってしまいます。まずは準備を周到にしておき、質問をしながらお客様の的を絞り込んで、必ず当てるように日々改善してみましょう。

トッププレイヤーは、自分が話すより、相手に話させることで相手への理解を深めています。悪気なくお客様の時間を奪っている可能性がありますので、普段からおしゃべりな方は注意が必要です。

ある整骨院に通っているとき、お子さんが生まれたばかりの先生が担当でした。お子さんがどんなにかわいいか、患者である私を相手に、ずっと話し続けていらっしゃいます。

こちらも、はじめは話を合わせますが、毎回となると、聴くのがつらくなってきます。ただでさえ、体がしんどくて施術してもらいに行くのに、人の話を聴くのは結構疲れるのです。これでは、癒されに来ている患者の時間を奪っているのと同じです。

さすが！　と思う先生は、会話をこちらに合わせてくれます。ほしいと思っている情報を、提供してくれるのです。

さらにすごい先生は、患者さんと呼吸を合わせてくれます。「息が合う」という言葉がありますが、リズムが合うと心地がいいのです。

どうでしょう？　できる人にファンが多い理由が、見えたのではないでしょうか。何も一度に全部できる必要はありません。自分にもできそうだな、と思うところから、さっそく取り入れてみましょう。

point

「またあなたに、お願いしたいと思われる」人の共通点は、お客様の「ニーズ」を先読みして行動しているところにある

2

コツをつかめば クレームは怖くなくなる

急なクレームの電話で、頭が真っ白になることはないですか？　その結果、逃げ腰になって何も言えなくなり、さらなる怒りを買ってしまった経験もあるかもしれません。

クレームはいつ来るかわかりませんし、想定外だから怖いのです。

ここではクレームに対する心構えと解決の糸口の見つけ方を、お客様の心理を考えながら先読みしてみましょう。ポイントは３つです。

・クレームから学ぶ

先読みできる人は、問題解決のコミュニケーションが上手です。なかでも「お客様からのクレームは自分磨き」と考えて、積極的に対応しています。

お客様からのクレームにはどうしても逃げ腰になってしまうのが普通ですよね。けれど、先読みしている人は、クレーム解決の練習を積むことが自分のために重要だということを理解して実践しているのです。

クレーム対応には、商品知識、表現力、言葉遣い、問題解決能力、コミュニケーション能力など、すべてのスキルが必要です。ということは、**クレームを上手に解決できる人は職場で一目置かれる存在です**。

「でもクレームは怖い」というのが本音ですよね。対応のコツがわかれば、クレームは怖くなくなります。コツは、問題解決のコミュニケーションです。

先日のクレーム対応セミナーに、通販会社の方が参加してくださいました。その方は困った表情で「男性用のタイツを返品したいという方がいて、肌に直接触れるものは返品できないと伝えると、『他社はしてくれるのになんでお宅はできないのだ』と、クレームになってしまった。肌に触れるものを3日間以上使って平気で返品するなんて……」と不満そうです。

セミナーでは世の中のサービスレベルが高くなったことで、今まで以上にクレームが増えていることをお話しします。他社がやっているサービスを俯瞰して情報をキャッチできないと、生き残れません。

強い企業が生き残るのではなく、世の中の変化に対応できる企業だけが生き残っていくのですから、常に企業として成長し続けていくことが大切です。

セミナーでの話を聴いて、先ほどの通販会社の方は「うちの会社のサービスは生き残れないかもしれない。他の企業に遅れを取っていたのを、あの**お客様が教えてくれていたのだ**」、とひらめいたそうです。

彼は帰ってから社内で話し合い、他社と同様に使用したものでも返品ＯＫにすることを決めて、告知しました。すると返品を言ってきたお客様は、実は上客の方で、今まで以上に大量に注文をくださるようになったそうです。

その方だけではなく、他のお客様からの注文も一気に増え出したと、うれしい報告メールをいただきました。

クレームをプラスに受け取って、対応の仕方をレベルアップすると、必ず利益につながります。クレーム対応を「ムダな作業」ととらえるか、「情報の宝庫」と考えて対応するか、です。成果の上がるパターンで取り組めば、**会社の利益も自分の付加価値も上げる結果**になるのです。

クレームは、お客様からの「こうしてほしい」という訴えですから、**要望がわかったら、後は相手の期待以上の結果を出すだけ**です。このことに気づければ、クレームが怖くなくなるだけではなく、自分の価値を上げることにつながります。

・クレームの見えない部分を聴き出す

クレームが怖くなくなったら、対応するポイントの2つ目として、コツをつかみましょう。クレームはお客様の要望をつかむことですから、無理に解決しようと思わなくてもいいのです。解決のことばかりを考えてしまうと、解決案を考えるあまり、相手の話が半分も耳に入ってこなくなってしまいます。**まず大切なのは、話をじっくり聴くこと**です。何が言いたいのか、的を探してあげるのです。

つまり**的＝腹のうち**は、見えない部分にあるのです。腹のうちとは次ページの図の、クレームに至った背景や、こんなに困ったという、三角の底辺部分です。氷山にたとえると、この部分は水面下にあって、こちらからは見えない部分です。

人間は無意識のうちに相手を値踏みします。本人は気づいていないのですが、**心を開けない相手には自分の腹のうちは言いません**。

その結果、本心を言わないまま他社に切り替えられてしまいます。

この底辺部分を聴き出せるかどうかが、できる人とそうでない人を分ける大きな分岐点になるのです。

はじめに、お客様に充分に話していただきましょう。お客様とこちらの会話の比率は、

クレームとして届くのはほんの一部

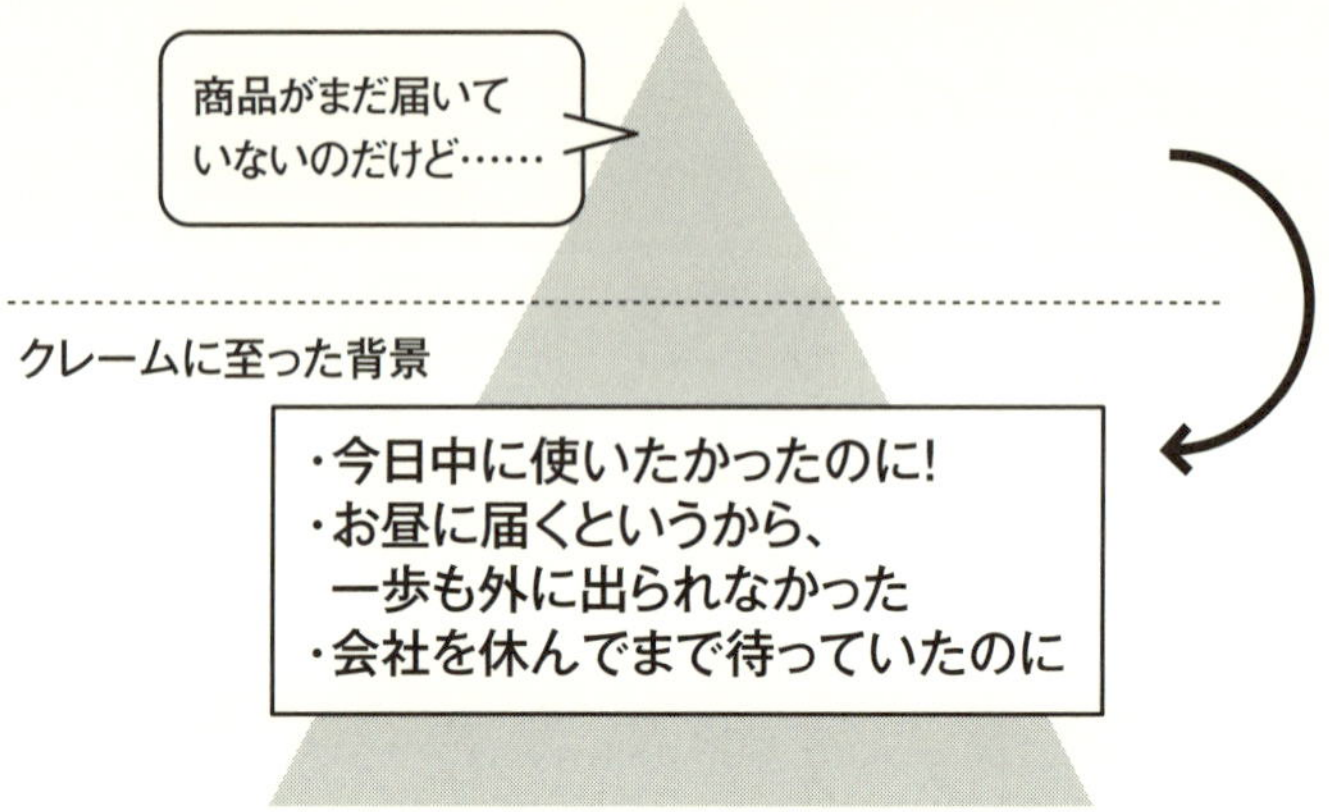
商品がまだ届いていないのだけど……
クレームに至った背景
・今日中に使いたかったのに!
・お昼に届くというから、一歩も外に出られなかった
・会社を休んでまで待っていたのに

9割がお客様でこちらは質問するための言葉で1割です。

そして、お客様の話の的が見えて来たら、「〜ということだったのですね」という確認作業の段階で、比率を5対5にしましょう。

最後は「〜のようにさせていただいて、よろしいでしょうか」とこちらが9、お客様が1へと持っていきます。

このステップが踏めないと、いつまでも氷山の一角だけの対応で終わってしまいます。的を射るための準備を惜しむと、結局的外れになり、解決までの時間が余計にかかってしまうのです。

・クレームに共感する

クレーム対応の心構えのポイント、3つ目

は「共感」です。

クレームには、お客様の勘違いからくるものもあります。このようなときには、お客様が「不快に感じたということ」、つまり「情」にスポットを当てて共感します。すると相手は心を和らげてくれます。

あなただったら次の2つの対応のどちらを選びたいですか?

【対応事例1】

お客様:「お宅のアイロンのりスプレーをかけて、ズボンプレッサーをしたらシミになったわ」

担当者:「お客様、商品の裏に貼ってある説明書は、お読みいただいていますか?」

お客様:「読んでいないわ」

担当者:「シミになる可能性がありますので、目立たないところで試してから、お使いくださいとちゃんと記載してあるのですが……」

お客様:「それだったら、もっと大きく書かなきゃわからないじゃないの!」

【対応事例2】

お客様：「お宅のアイロンのりスプレーをかけて、ズボンプレッサーをしたらシミになったわ」

担当者：「それは申し訳ございませんでした。よろしければ詳しいお話を、お聴かせ願えませんでしょうか」

お客様：「いつもはアイロンを使っているのだけど、その日は時間がなくてプレッサーに入れて直接スプレーしたの。そうしたら、プレッサーにまでシミがついたのよ」

担当者：「そうでしたか。ズボンだけではなく、プレッサーにまでシミがついてしまわれたのですね。それは、誠に申し訳ございませんでした。以前にも、そういったお客様からのお声をいただいています。そのようなお声をもとに、裏面にシミになる可能性がありますので、目立たないところで試してからお使いくださいと記載させていただいているのですが、見えにくい書き方でしたね。申し訳ありません。今後は、お客様のお声を活かし、わかりやすい記載を行ないます。貴重なご意見をありがとうございます」

お客様：「それだったら、私も電話したかいがあったわ」

どうでしょう？　あなたの仕事は、お客様を論破して負かすことではなく、ファンになってもらうことです。お客様の勘違いから起こったクレームであっても、まずは相手の言い分を受け止めることで「この人は自分の話を聴いてくれる」と感じてもらうことが、ファンをつくる第一歩です。

クレームを苦手だと思うのではなく、「お客様からの大切なメッセージ」つまり、「情報の宝庫」だととらえましょう。そのとき、はじめて成長できるのです。

point

問題解決のコミュニケーションができる人は、ビジネスパーソンとして一流

はじめから一流なのではなく、お客様から学ぶことができる人が一流になれる

3

ビジネスを成功に導く「おもてなし」とは

２０２０年のオリンピック招致のプレゼンで、日本の「おもてなし」が大きく取り上げられました。

私への仕事のご依頼も「おもてなし」について講演してほしいというものが、急激に増えています。ビジネスの現場においても今、「おもてなし力」がクローズアップされているのです。

では、「おもてなし力」がある人と、そうでない人は、何がどう違うのでしょうか？

そして、その差はビジネスにどんな影響を与えるのでしょうか？

まずは、「おもてなし」の意味を解説していきます。「おもてなし」という言葉は、茶道にまつわる２つの由来を持っています。まずひとつ目は、**「持って成し遂げる」**という意味。そしてもうひとつは、**「表裏なし」**、**つまり裏表のない気持ち**でお客様を迎えることを意味します。

お茶の世界では表が「もの」、裏が「こと」と言われています。「もの」と「こと」を持って、成すべきことを成し遂げることと「裏表なし」＝「その心に嘘があってはならない」の２つが茶道の心なのです。

成功している人の行ないはここにつながる、と私は考えています。

例えばプレゼントを渡すとき、品物は「もの」です。でも、プレゼントの指輪が宅配便で送られてくるより、遠距離恋愛の彼が忙しい中、地方で暮らすあなたのために、新幹線の最終便で駆けつけて渡してくれた……となると、そのプレゼントを見たときに、**「こと」＝「想いや情景すべての演出」が思い出されます。**

車のＣＭで「モノより思い出」というキャッチコピーがありました。車という品物も大切だけれども、車というものを通してどれだけの思い出をつくれるか、が重要だ、ということです。

工場から出荷されるときは「もの」でも、もしかしたら「祖母の形見です」と言われる日も来るかもしれません。そこにはおばあちゃんの想いや思い出がたくさん込められています。

どんなビジネスでも、その精神は大切です。**「おもてなし」は気がきかないとできない**のです。相手の気持ちや反応を先読みして期待以上の結果が出せる人、つまり成果の上がる習慣を持っている人は「おもてなし上手」です。

しかし、頑張っているのに、期待以上の結果が出ない人がいかに多いか……仕事には必ずコツがあるように、おもてなしにもコツがあるのです。

次項では、その「コツ」について説明します。

point

「おもてなし」とは「表裏なし」
裏表のない気持ちでお客様を迎えることと、
「もの」と「こと」を持って、成すべきことを成し遂げること
ビジネスを成功させるには「おもてなし力」が必要不可欠

4

気がきく人のONE TO ONEの先読み「おもてなし力」

読者の皆さんには、ぜひ「**おもてなし**」**のコツ**をつかんでいただきたいです。おもてなしができる人の仕事の仕方の共通点をご紹介します。

「おもてなし」を英語にすると「Hospitality」で、これはもともとラテン語で旅行者をもてなす主人、つまりホストを意味する「hospes」からきています。巡礼者が道中で倒れたときなど、家に連れて行き、足を洗ったり、介抱して食べ物を与えたり、その人にふさわしいおもてなしをしたことが語源です。

ホスピタリティとはONE TO ONEの対応をすること、と私はとらえています。先読みがわかってきたあなたは、仕事の仕方と一緒だと気がつきましたね。おもてなし上手は、人の心を動かせる人でもあるのです。

人の心を動かせる人は、まず相手を観察や傾聴をして理解し、相手に合わせた商品やアイデア、対応を提供できる人です。それを受けて相手は「それを買おう」「その企画で行こう！」と行動を起こしてくれます。

こういう人は、相手を動かす先読みのステップを踏んでいるのです。それが、**相手を理解する→納得を得る→相手の行動**のステップです。

気がきく仕事ができる人は、相手の立場でものを考え、行動しています。そのためには、**相手を興味関心を持って観察し、次の展開を読む**ことが必要です。つまり、先読みができる人です。どうしたら喜んでもらえるかを相手の立場に立って想像し、創造します。

「おもてなし」の対応ができるかどうかは、**情報収集力、段取り力、コミュニケーション能力などのビジネスに必要な要素の技量にかかっている**のです。

「気がきかない人」とは、「言わなくてもこれくらいはしてくれるだろう」という、相手の期待を裏切ってしまう人です。

私は全国で研修をしますが、リピートしてくださる企業様が多いので、担当の方とも顔なじみになります。ある企業の担当者は、受講者用のテキストは左綴じなのに、私のテキストは右綴じにしてくださいます。

「先生の『気がきく人のスマート仕事術』を読んだら、資料は右綴じにされていると書いてありましたので、先生のお持ちの資料を改めて拝見したら、本当に右綴じなのですね。今年は先生用の資料はすべて右綴じにしました」と話してくださいました。

このＯＮＥ　ＴＯ　ＯＮＥの対応に私はびっくりしてしまいました。一般的に仕事で使う資料は左綴じが多いのですが、私の場合はマイクを持ったまま素早く開くことができるよう、自分で作成する際は、必ず右綴じにしているのです。

また演台には、お水をご用意いただくことが多いのですが、ある企業様は、午後からの飲み物はお水とコーラを用意してくださいます。

「そういえば昨年も午後からコーラが出てきたなあ……なんで私の好みを知っているのだろう？」と不思議に思って、今年新しく代わった担当の方に伺うと、担当が交代しても3年前に私が言ったひと言を引き継いでくれていたのです。

思い起こすと3年前、私は初代担当の方から「お好きな飲み物は何ですか？」と聞かれた際に「午後は気合を入れるためにコーラが……」と言っていました。

超大企業の方でしたので、余計にびっくりしました。海外とのお取引が多い企業でもあったので、この日本のおもてなし力はすごい武器になる、と感動しました。

おもてなしとは、決してお金をかけることではないのです。「私だけ」「私を気にかけてくれる」「私のことを覚えてくれていた」の、**「私のこと」**がコツなのです。

例えば小料理屋さんで「いつもの」と言うと「自分の」いつものが出てくる、するとおもてなしの心を感じて、そのお客様は毎日通いたくなります。そして「常連」となり、やがて「ファン」になるわけです。

では、おもてなしと**「おせっかい」**の違いはどこなのでしょう。同じことをしても、喜ばれるときと、おせっかいと思われるときがありますが、なぜ、そのようなことが起こるのでしょう?

それが**おもてなしかどうかは、あなたの言ったことや行ないを通じて、相手が決める**からです。相手によって、感じ方の基準は異なるのです。同じ言動でも相手の価値観や、性格、状況によって、とらえ方や考え方が違うのです。いつも行なっていることでも、相手や状況によって対応を変えていくのが「空気を読む」です。特に場の空気を読むことはビジネスには欠かせませんね。

ここからは、状況や場面ごとの「おもてなし力」をご紹介します。

【ビジネスでの来客応対】

大切なお取引先の担当者が来訪する際の「おもてなし」について、お話ししましょう。まずは、自社の全員が、その方が大切な方だと認識できるように、情報を共有しておくことが重要です。はじめて訪れるビルの中は、その方にとってアウェイですから、どんなベテランでもそれなりの緊張があるものです。

だからこそ廊下ですれ違った際、「本日はお忙しい中、ありがとうございます」や「お世話になっております。いつもありがとうございます」など、声をかけられると、全員に迎えてもらっている気がして、大変うれしいものです。

応接室に案内する際には、あらかじめ温度調節をしておきます。女性の方なら特に足元が寒くないかも確認します。初訪問のときの印象によって企業のイメージが決まりやすいので、細心の注意を払います。

先方がいらっしゃる時間までに、準備を万端に整えておきましょう。

飾る花も、お客様に合わせる、という会社もあります。長寿番組『徹子の部屋』では、ゲストの雰囲気に合わせて毎回アレンジメントフラワーを変えています。お客様に対する「よくぞお越しくださいました」という姿勢を表現しているからです。

応対する側は、お客様の役職と同等か、その上の役職者も同席するようにしましょう。人数も合わせるのがベストです。

案内係は、事前に席次の確認をし、お客様を部屋までではなく、席まで案内するようにします。なぜならば「こちらのお部屋でお待ちください」と言われると、お客様は気を使っていったん末席に着席するケースが多いからです。

お客様は多くの会社でおもてなしを受けています。そして何気なく観察し、黙って評価しています。ということは、「恐れ入りますが、こちらのお席でおかけになって、今しばらくお待ちいただいてもよろしいでしょうか」と応接のソファーを引くくらいの勢いでご案内しなければ、他社と差をつけられてしまうのです。

お茶出しも、その方の好みのものが出せると、より上の対応です。最近は、メニューのある企業が増え、お客様に対する「おもてなし」のレベルアップを感じています。

例えば、営業さんとアポイントを取っているのに受付で情報共有ができておらず、「確認しますのでお待ちください」と待たされるときほど、「この時間ムダだなー」と思うことはありません。

「気がきかないな」と思うばかりでなく**「この会社は報連相できていないな、大丈夫か？」**ということまで連想するものなのです。

これは店舗の覆面調査をしていても、同じ印象を受けます。**来客予定の情報共有ができていないところは、通常の報連相もヌケ・モレが多く、コミュニケーションが取れていない傾向にあります。**

来客時の最後の「おもてなし」は、お見送りです。お見送りで手を抜いてしまう人と、最後まで「おもてなしの心」を表現できる人とでは、結果がまったく違います。

　また、お見送りは前項で述べた「コト」になります。ここにこそ、人間力が現われますので、感謝の気持ちを表現しましょう。

　スウェーデンのカール16世グスタフ国王夫妻が来日されていたとき、天皇・皇后両陛下は夫妻の出国の日に、お見送りをするために滞在先のホテルに出向き、お別れの挨拶をされました。グスタフ国王夫妻は「素晴らしいおもてなしだった」と感想を語られたということです。

　国賓が来日したとき、天皇・皇后両陛下が滞在先まで出向いてお別れの挨拶をなさるのは慣例だそうです。こういったところでも、日本の「おもてなしの心」が表現されているのですね。

【飲食店での接待】

　次は取引先を接待する際の「おもてなし力」についてです。

　先日、ある雑誌社の取材で、「接待でお取引先と距離を縮めるためには、相手の会社からやや遠い高級店と、近くて高級ではない店と、どちらがいい？」というご質問をいただきました。

まず、まったく**相手の情報がないのに接待を企画するのは大変危険**なことです。とりあえず食事に誘えば接待になる、と思っていたら逆効果に終わる可能性が高いので、気をつけましょう。目的は相手との距離を縮めること、ラポール（相手と自分との心の架け橋）を形成することであり、接待はあくまでもそのための手段です。

4章でも述べましたが、ラポールはフランス語で信頼関係。心に橋を架けることが大切なのです。

コミュニケーションはキャッチボール、と言われますが、ボールはいろいろなところに勝手に飛んでいってしまうものです。それを防止するのが、ラポールです。相手の心と私の心に橋が架かっていたら、ボールを置くだけで、相手の心の前まで運んでくれます。

しかし、ここにひとつだけ問題があります。心のドアのノブは内側にしかついていないのです。

相手の心のドアは、決してこちらがこじ開けることはできません。**相手に開けてもらうしかない**のです。

ここに「おもてなしのコツ」が隠れています。接待をするときは、**準備を怠らず手段を尽くしてあらゆる情報を集める**ことが大切です。

元首相の田中角栄氏が、国交正常化交渉のため中国を訪れました。相手のトップは周恩来総理です。この国交正常化交渉において、中国側は徹底的なリサーチを行ないました。滞在先のホテルで出された朝食の味噌汁の話が有名です。

中国滞在中の朝食に用意されたお味噌汁が、田中角栄氏が地元で愛用していた老舗の味噌で、角栄氏の実家の味が完璧に再現されていた、というのです。氏は思わず「俺んちの味だ！」と叫んだそうです。

部屋には田中角栄氏の大好物の台湾バナナ、「木村屋」のアンパンまで用意されていたと、同行した方が後に語っていました。

ちょっと怖いくらいのリサーチですが、実は国交正常化交渉の裏側では、このように徹底して相手の食の好みを調べて、心の扉を開けてもらおうという試みが行なわれていたのです。

接待する相手の好きな食べ物（和食、中華、イタリアン、フレンチ……）、嫌いな食べ物、好きなお酒（銘柄含めビール、日本酒、ワイン……）、相手の価値観はどこにあるのか、をまず調べましょう。

ということは、先ほどの質問に答えるとすれば、忙しくて時間を重視している相手であれば、時間のかからないお店が優先されます。相手がグルメで、おいしいものがあれば多少遠くてもいいとわない、という人でしたら、おいしいものが食べられれば、距離は問題ないでしょう。

【はがきやメールでの気遣い】

そして最後に、お客様や取引先にはがきやメールを出すときの「おもてなし」の表現の仕方についてお話しします。

この人とまた一緒に仕事をしたい、と思われる人のはがきの使い方、メールの書き方とは、どんなものでしょうか？

・はがき編

心は見えないけれど、心遣いは目に見えます。

携帯電話やメールの普及により、手紙やはがきを出す人はめっきり減りました。けれども、何かのお礼の際など気持ちをより強く伝えたいときには、やはりひと手間かけた手書きの手紙を送りたいものです。

何も長文の手紙でなくていいのです。はがきに心を込めた一文を書いてお送りすれば、気持ちはより伝わります。

さらに相手に合わせた絵柄、切手だと心を動かされます。京都が好きだという方には、京都をイメージさせる記念切手を使うなど、ＯＮＥ ＴＯ ＯＮＥの対応は心に届きやすいです。字はきれいでなくても構いません。その人の味があれば充分です。

マナーとは、心を形で相手に表現することです。何度も言いますが「実力あっても表現せねばなしに同じ」なのです。

また、手書きのはがきは捨てにくいものです。ということは、デスクのどこかに収納してもらえます。すると、何かの拍子に目につきますね。

何度も会う人には自然と親しみを感じるものです。はがきが何度もその人の目に触れるということは、親しみを感じてもらえるのです。

何度も目にしているうちに、なぜだか連絡を取りたくなってもらえれば、またお会いできるチャンスが舞い込んでくるのです。

・電子メール編

最近、メールでのトラブルをよく耳にします。メールに特化した研修を依頼する企業もあるくらいです。ほんの些細な行き違いから、誤解を受けるケースが多いのです。

メールとは本来、簡易なツールとして発展してきたものです。そのため、簡潔に書き過ぎて冷たく感じられたり、簡単に送ることができてしまうためにミスが生じがちです。

メールでのコミュニケーションは、デジタルコミュニケーションとも呼ばれ、上手に使えれば味方になってくれますが、使い方を間違えてしまうと凶器にもなります。気心が知れていれば冷たく感じない表現も、関係が構築できていないと誤解を生むことが多々あるのです。

デジタルコミュニケーションのコツは、理と情で書くことです。こうすると、トラブルを防ぐだけでなく、気がきくと思われます。

理とは、**筋道立てて論理的に簡潔に書くこと**。解読しなければならない文書はＮＧです。短めにし、記書きで箇条書きにします。しかし、これだけでは冷たく感じてしまいますので、ＴＰＯと相手に応じた情のひと言を添えます。

情とは、**相手の心に届くひと言**。先述した「こと」です。

「で、何が言いたいの？」とよく言われる方には、「記書き」をお勧めします。記書きを使うと、相手に伝わりやすいのです。

記書きとは、社内外の文書で目にしたことがあると思いますが、「記」と記してその下に、相手に知らせたいことを箇条書きにし、５Ｗ２Ｈでヌケ・モレなく記載することで

「記」書きでわかりやすく

新製品内覧会のご案内

差出人	kitagawa@enmochi.com
宛先	モチベーション株式会社　半沢直樹様
CC	aaa@enmochi.com
BCC	bbb@enmochi.com
件名	新製品内覧会のご案内

モチベーション株式会社
課長　半沢直樹様

いつもお世話になっております。
エンモチ商事の北川でございます。

さて、下記の通り新製品内覧会を
開催致しますのでご案内申し上げます。

記

1. 日時　　平成26年5月29日(木)　10:00～12:00
2. 場所　　未定(決定次第、ご連絡申し上げます)
3. 内容　　新製品内覧会

以上

月末でお忙しいと存じますが
スタッフ一同、心よりお待ち申し上げております。

す。「記」と記載したら、伝えたいことの最後は「以上」で締めくくります。

「以上」は終印と言って「ここまで読んでね」という印です。メールで「記」書きをする場合は、文書より簡易的なものですので、「以上」は入れなくても構いません。

また、件名は〝命〟です。「新製品内覧会のご案内」など、件名を見ただけで、書いてある内容がひと目でわかるようにしましょう。相手がメールを検索するときに、ひと目でわかるようにという、先読みの気遣いです。

また、私の知り合いのトッププレイヤー達は、**お礼のメールは、朝一番で出す**のがコツ、と言い切ります。できる人はタイミングをも先読みしているのです。相手が会社についてメールを開けたときに、一番上に来ているタイミングに出すとベストです。

point

あなたの先回りした「ちょっとした気遣い」を相手は黙って評価する
贈り物から声がけまで、すべてあなたの「あり方」が表現される

5

仕事の意義を知り、仕事にプライドを持つ

仕事を通じて成長できる人は、日々の仕事を工夫の積み重ねと考え、精進している人です。しかし、そのような人でも忙しくなり過ぎると、目の前のことしか見えなくなるものです。

そのようなときに思い出してほしいエピソードを、２つ紹介したいと思います。

ひとつ目のお話は、大阪にある私のお客様のフォトスタジオ「ストーリーテラー」の会長Ｆさんのお話です。

Ｆさんがお父様の写真館を継いでから50年。現在は銀座にもスタジオがあり、ホテル写真室を運営したりブライダル会場との提携もあるフォトスタジオとして、業界をはじめ各界からの注目を集めている企業です。

でも、大学を卒業してその写真館に就職された当時は、写真のこともあまりわからず、失敗も少なくなかったそうです。

また、当時は高度経済成長期で、花形職業の商社に就職した大学の同級生を羨む心もあり、写真の仕事を辞めることばかり考えていたそうです。

そのような中、Ｆさんの仕事に対するモチベーションを変える大きな転機が訪れます。ある日店番をしていると、女性のお客様が来店し、１枚のスナップ写真を大きく引き伸ばしてほしいと依頼をされました。その写真には、高校生の女の子が楽しそうに友達と笑って写っていました。

何に使われるのかたずねると、その娘さんは病気のため17歳で亡くなり、毎日見ている遺影の写真がとても悲しそうな顔をしているので、こちらの楽しそうな写真に取り換えて飾っておきたいとのことでした。

Ｆさんはネガがあれば、ネガのほうがきれいに写真を引き伸ばせる、と伝えたところ「この写真は、お兄ちゃん、あなたが撮ってくれた写真よ。ネガはあなたが持っているはずよ」と言われました。

当時、Ｆさんは近隣の学校で行事がある際の、写真の撮影を担当していました。Ｆさんは、その言葉に愕然としたのです。

「こんなに大切に想ってもらっている写真を、今まで何ていい加減な気持ちで撮っていたんだろう」とショックを受けたそうです。

その後、Ｆさんは必死で写真を勉強し、継いだときは１店舗だったお店を、現在のようなフォトスタジオに成長させたのです。

最近、苦労して入社したのに「思っていた仕事と違っていた」と、次の就職先も決めずに企業を去っていく若者が増えています。

仕事に行き詰まったときには、「仕事の意義」について考えてみてほしいのです。希望通りの仕事につける人は、ほんのひと握りです。しかし、壁にぶつかったところから、仕事の面白さや醍醐味がわかるようになっていくものなのです。

2つ目のお話も、私のお客様の話です。大阪に「道頓堀　今井」という、それはそれはおいしいうどん屋さんがあります。ガチャガチャした道頓堀にある、謙虚だけれども皆が知る、昔から「お出汁」にこだわったお店です。

そこで働くスタッフは皆、仕事に誇りを持っています。仕事の話をし始めると深夜まで語れるくらいです。そこのマネージャーの方から、すてきなお話を伺いました。

デパートに入っている「今井」の閉店時間が迫っているときに、「おでんの折詰をください！」と言いながら、息を切らして来店されたお客様がいらっしゃったそうです。

その商品は人気があり、すでに売り切れていました。スタッフは売り切れのお詫びをし、おでんの入荷予定は明日であることを伝えました。すると、お客様はたいそう残念な様子で、しばらく立ちすくんでいました。

何だか様子がおかしいので、スタッフが「どうされましたか？」と声をかけると、「実は、うちの父が、病床で何日も食べ物を口にしようとしません。元気なときからこちらのお店の大ファンで、『もう一度、今井のおでんが食べたい』と先ほど、やっと聞き取れるくらいの声で言ったのです。今井さんのおでんだったら、食べてくれるかもしれない、と思って飛んできました」と話してくださいました。

スタッフは急いで店長に相談し、まだ営業中の本店まで駆けつけ、無事お客様におでんをお持ち帰りいただきました。

その後、その方はわざわざお店に来られて「おかげ様で、父は大好きだった、おでんのお出汁をひと口スプーンで口にすると、涙を流して喜び、あの世に旅立ちました。本当にありがとうございました」とお礼を述べられたそうです。

マネージャーさんは「当店の商品をそんなに愛してくださるお客様がいてくださって、大変うれしく思います。私たちは、より一層、お客様に喜んでもらえる品質、対応を心がけていきます」と、決意を新たにされていました。

何年たっても変わらない味、そして進化する接客。そこに、この店のこだわりを感じます。新入社員研修では必ず、先輩にこの素敵な話をしていただいています。

忙しいと、どうしても「商品をつくる」「運ぶ」「売る」になってしまいがちですが、職人さんが誇りを持ってつくったうどんや出汁にかける「愛情や想い」を、スタッフが「ぎゅっとキャッチ」して運び、デパートでいろいろな商品を販売するスタッフが、その想いを「ぎゅっとキャッチ」して、さらにそこに自分の想いを「ぎゅっと込めて」お客様にお渡しする、このお店のようなサービスを目指しましょう。

その想いは必ずお客様に伝わり、ファンになってくださいます。すると、さらに誇りを持って働けるようになるのです。伝説になるサービスは、あなたがつくるのです。

この2つのエピソードは一見、先を読んだ仕事とは関係がないように思われますが、自分の今の仕事の意義を知り、今の仕事にプライドを持つことは、必ず将来の自分の成長、会社の成長につながっていきます。

point

仕事の意義を知り、仕事にプライドを持つことは、結果的に先を読んだ仕事となる

6章

先読み上手はキャリアビジョンを描いている

1

キャリアを先読みして、これからの人生をデザインする

5章までは、日頃の仕事の中での先読みについて、お話ししてきました。この章では**「人生の中長期を先読みする」**、言い換えると**「キャリアビジョンを描く」**ことを考えてみましょう。

なぜ、「キャリアビジョンを描く」ことが必要なのでしょう?

バブル崩壊前は、多くの企業において、ひとつの会社で定年まで勤めあげる、という価値観が主流でした。個人のキャリアなど考えなくても、会社にキャリアを委ねておけばよかったのです。

しかし今は大企業でさえ、何があるかわからない時代です。先読みできるあなたは、自ら主体的にキャリアを切り拓いていきましょう。それが自己防衛のためにも大切なのです。

本題に入る前に基本的なこと、「キャリアとは何か?」を押さえておきましょう。

「キャリア」とは、一般的には職業上の経験や経歴のことで、車輪の轍《わだち》に例えられます。「馬車が通った後の軌跡」と表現する人もいます。

「キャリア」と聞くと、刑事もののドラマで、出世していくグループの「キャリア組」のような職責をイメージする方も多いかもしれません。これは、外的キャリアと言い、職業や役職や履歴などのことです。

そして、もうひとつ見方があります。こちらの見方では、あなたの人生の過去から未来にわたる生涯のこと、つまりあなたの生き方すべても、キャリアと定義します。

ということは、今まであなたが行なってきたこと、すべてがキャリアです。

学校へ行っているときは学生の役割、結婚しているのであれば妻や夫の役割、お子さんがいるのであれば親の役割。仕事面では営業活動をしたり、事務処理をしたり、企画書を作成したり、チームをまとめる役をしたり、会議の司会をしたり、すべてがあなたにとってのキャリア、人生における財産になってくるのです。

この本では、仕事の内容や実績、地位だけに限らず、**仕事への意欲、使命感、達成感、充実感など、心のキャリア**があることを、あなたに知ってほしいのです。

それが**あなたのモチベーションとなって、やがては生きがいとなる**はずです。これが内的キャリアです。履歴のような職責を意味する外的キャリアと、モチベーションの素となる内的キャリアの**両輪で考えていく**ことが、将来を見据えるためには大切なことです。

多くの人は、就職活動の時期にキャリアについて考えることが多いと思います。でも、社会人になると忙しさと毎日の単調な繰り返しの中に、流されてしまいがちになります。「キャリアビジョンを描く」ことは、**過去から今に焦点をあて、興味、能力や価値観を知り、本来のやりがいに気づき、今後のあるべき姿を明確にすること**であり、一生涯を通じて大切なことです。

イギリスの劇作家・評論家のバーナード・ショーの言葉に「人生とは自分探しではない。自分を創造することだ」というものがあります。

あなたにとって、自身のキャリアを考えることは、未来の自分を創造することであり、**満足できる自分自身の人生を「先読み」して計画を立てること**でもあります。

point

今から人生を先読みして、キャリアビジョンを描く
キャリアビジョンを描いて、なりたい自分を創造する

2 過去を振り返り、今の自分を知る！

「キャリアビジョンを描く」ことの第一歩は、まず今までの人生を振り返り、自分自身の価値観・仕事観を明確にすることです。

例えるなら、馬車が通った後にどんな轍がついているか、降りて地面を見るようなものです。

でも、いきなり「自分の価値観・仕事観を明確にする」と言われても、即座に答えられる人はそう多くありません。

そこで今から、あなたがどんな価値観・仕事観を持っているのかを考えるための質問をしますので、直感で答えてみてください。

Q：今までの人生の中で、感動したエピソードを教えて

ください

Q：なぜ、今の仕事を選んだのですか？

Q：達成感を感じるのはどんなときですか？

Q：褒められてうれしかったことは何ですか？

Q：後輩や家族に見せたい「自分が働く場面」はどんなことをしている場面ですか？

Q：仕事で、やっていてよかったと思うのはどんなときですか？

Q：失敗から何を学びましたか？

次は、年代ごとに影響を受けた人との出会いや、影響を受けた出来事、成功体験や失敗体験、当時の趣味や関心事を思い出してみましょう。表にまとめると年代ごとの特徴がわかり、年齢による変化や年齢に関係なく共通するものが見えてきます。

そして、その表の過去の出来事を振り返りながら自分の満足度を「人生グラフ」に描きます。

幼稚園、小学校、中学校、高校、大学、社会人というようなタイミングで、満足度が高ければ上へ、落ち込んでいれば下へ、グラフを伸ばします。折れ線でも曲線でも構いません。左ページの見本のように、あなたの人生の満足度をグラフに記入してみてください。

人生グラフ

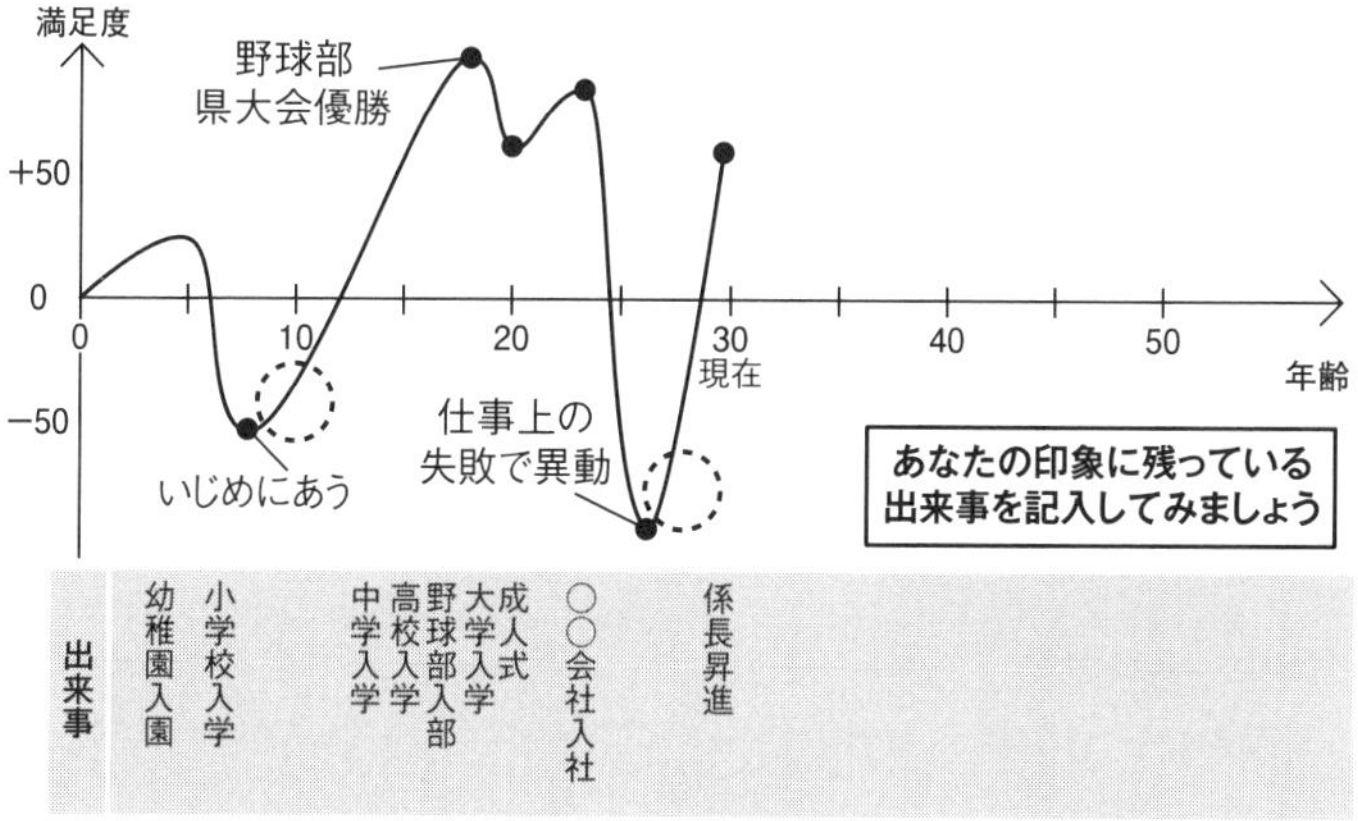

今のあなたの価値観や考え方に影響を与えた出来事や、大切な出会いなどを思い出して、思いがけない気づきが、きっとあるはずです。

あなたは、1人で生きてきたわけではありません。学生時代の恩師や会社の上司・上長、先輩や友人など、たくさんの人との出会いがあって今のあなたが形成されているのです。

出来事の例として、幼少・学生時代の引越しや受験、転勤や転職、大病、結婚や離婚などが挙げられます。人との出会いや身の周りに起きた出来事によって、新しい自分の価値観や考え方が醸成されたり、進路が決まったりします。

特に、グラフの低い所からぐっと高いとこ

ろに上がったときに、何があったかを思い出して記入してほしいのです。
その出来事があなたの**「強み」**であり、**ピンチを這い上がることができた証**なのです。

次に「今」の自分を考えてみましょう。

外的キャリアとしてこれまでにどんな能力・スキルを培ってきたのか、それはどの程度なのか、を客観的に見てみます。

通常は職務経歴書のように、新卒で入社した会社以降で獲得した能力（会社の仕事および自己啓発を含め）を中心に整理していきます。

でもこれからの時代、あなたがどんな経歴か、どこに勤めていたのか、どんな肩書きがあるのかを問われるのではなく、あなたに何ができるのかが重要になってきます。「その人個人」が求められているのです。あなたの能力と、これまでの実績が問われる、ということです。

ですから、「外的キャリア」と言っても経歴や肩書きを重視するのではなく、それぞれのタイミングで自分が身につけたスキルや実績をメインに書き出すようにしましょう。

内的キャリアとしては、何をしているときが、時間が一番早く過ぎるのか、何が楽しいのかといった「興味」が大切です。これは私生活でも、今の仕事に関しても同じです。

あなたの価値観の優先順位は？

収入 (　　　)	自由 (　　　)	社会貢献 (　　　)	変化 (　　　)	将来性 (　　　)
安定性 (　　　)	進歩・成長 (　　　)	趣味 (　　　)	人的交流 (　　　)	海外・世界 (　　　)
家族・家庭 (　　　)	人の役に立つ (　　　)	休日 (　　　)	自律自由裁量 (　　　)	チャレンジ (　　　)
やりがい (　　　)	評価 (　　　)	能力を活かす (　　　)	リーダーシップ (　　　)	創造的 (　　　)
時間的余裕 (　　　)	楽しい (　　　)	独自性・個性 (　　　)	人を育てる (　　　)	専門性 (　　　)
単独・自立 (　　　)	福祉 (　　　)	健康 (　　　)	地位・名誉 (　　　)	遊び (　　　)

「別に、何も考えないでこの会社に入ったから……」「たまたま就職できただけで、楽しい仕事なんてない」という人も、数ある毎日の業務の中で、自分が集中できる仕事や、こんなときは時間が足りないな、と思うものはないですか？

たとえ、今の仕事が思っていた仕事と違ったとしても、自分がイキイキできる興味関心が少しでもあると、モチベーションの維持につながります。

これをしているときは、あっという間に時間が過ぎるな、ということを見つけてみましょう。

では、今後の参考とするために、あなたの価値観について振り返ります。上の表の事柄の、あなたが大切だと思う順に番号を入れてみてください。

あなたが入れた順位は、あなたが人生の中で大切にしていることの優先順位なのです。

仕事を長く続けていくためには、仕事そのものだけでなく、自分自身の性格特性やタイプを知ることが重要です。

自分の能力が最大限に発揮できる職場環境かどうかや、上司やメンバーといい関係を保っていけるかどうかなどは組織で働く以上、無視することはできません。

さて、いったん馬車を降りて自分の轍が見えてきましたか？　ここまでで、自分のモチベーションの源、働くことの意味や意義が見えてきたら、次は中長期の人生のビジョンを考えてみます。

point

一度立ち止まって過去や現在を俯瞰することで、自分の価値観・能力・興味関心が見えてくる

自分を理解することで、先のキャリアが見えてくる

3 なりたい自分をイメージする

ここでは、少し長めの10年後を想定して、「10年後になりたい自分の姿」を考えます。「なりたい自分」は、あなた自身の心や身体の変化、職場や家庭環境などの変化によって、どんどん変わっていきます。もしかしたら、３年後に子どもが生まれているかもしれません。あるいは親の介護の問題が起こるかもしれません。

まずは今、現在のあなた自身が思い描く10年後を設定してみましょう。具体的であるほど今後の対策が立てやすくなりますから、できれば細かく記入するほどいいのですが、まずは10年後にどんなところで、何を、誰と、どのようにしている、どんな気持ちでいる、という程度で構いません。

次に、中間地点である5年後を描いてみます。するとより具体的な展望が見えてきます。

私も10年前に、はじめてキャリアビジョンを描いてみました。10年後にはこうなっていたいから、そのために35歳のときはこうしていたい、36歳のときは、と私の場合は1年スパンで考えてみました。仕事だけではなく、海外旅行はこのくらいで行って、とか、家族との生活など、プライベートなこともイメージします。

気楽な気持ちで、ワクワクしながら、楽しく記入してみてください。こんなことできないかもしれない、と思っても、誰に見せるものでもないですから、自由に書きましょう。

人に見せても大丈夫、という方は、皆で楽しみながら記入するのもお勧めです。私の場合はキャリアの勉強会で記入したので、皆で見せ合いながら「5年後には本を出したい」と書いていました。講師仲間や以前の職場のスタッフと一緒に記入していたので、私が「本を出す」と書いたとき、皆が大笑いしました。もちろん私も……。

まさか、想いが叶うなんて、本人さえも思っていなかったのです。人生って面白いです。

私の場合は、目標に到達したのは3年遅れでした。予定通りにならなくても悩まなくていいのです。行き先がわかれば、自然にスイッチが入ってさまざまな方法でゴールまで辿りつけるものなのですから。

point

「能力」「興味」「価値観」を考えながら、
10年後のキャリアをデザインしてみましょう！
5年後にどうしていたら、10年後のデザインが達成できそうですか？

4 アクションプランを立て、行動する

10年後、5年後こうありたいという未来像を描いたら、次に現在の自分とどこが違うのか、そのギャップを認識します。そして、ギャップを埋めるためには何をすればいいのか、というアクションプランを立てます。

頭の中だけでなく実際にノートなどに書き込んでみましょう。ときどき進捗状況をチェックし、軌道修正していきます。

そうすることで、飛行機のように目標地点まで勝手に自動操縦のスイッチが入り、あなたはときどき軌道修正を行なうだけでよくなります。

1章で述べた、意識のアンテナを立てるとどんないいことが起こるのかを、思い出してください。アンテナは、知らない間に情報をキャッチしてくれるのです。

この仕事を始めた頃の私は、目標を持つ必要性をあまり感じませんでした。なぜなら目の前のことを一所懸命にやっていれば、道は開けると思っていたからです。

でも実際にキャリアビジョンを作成して、10年後の目標をセットしてみると、知らない

間にその目標に確実に近づいていたのです。

これは私だけではありません。講師仲間や、私と一緒にキャリアビジョンを作成したスタッフ全員が、それぞれの夢に着実に近づいていったのです。

目の前のことを一所懸命に取り組むことはもちろん大切です。しかも、誰よりも努力していたら成果も、もちろん出ます。

それに加えて**到達地点をセットすると、さらに効率よく目的地につける**のだと実感しました。

ではここから人生の先を読んで「なりたい自分」を実現する上で、アドバイスになりそうなポイントをお話しします。

(1) 仕事を面白くする力をつけよう！

仕事は、どうしたら面白くなるのでしょうか？ 「希望通りの仕事につければ、楽しく仕事ができるのに」と思っている方もいるでしょう。でも、希望通りの仕事をしている人は多くありません。

最初はその仕事を希望していなかったけれども、その業界の第一人者として成功している、という人はたくさんいらっしゃいます。

思うようにいかないからこそ、自分の隠れた力に出会えることが多いのです。はじめての仕事を依頼されて、やってみたら案外面白かった、などという経験はないですか？

また、毎日が同じ定型業務で嫌になることはないですか？　毎日の定型業務、ルーティンワークを同じことの繰り返しと思うのか、**成長する工夫をしてみる**のかでも、**仕事の面白さは変わってきます**。

仕事は、真剣に取り組むほど面白いものであると同時に、キャリアの道筋になるきっかけをつくってくれるものです。

(2)どこの組織でも通用する力をつけよう！

私は研修や講演のほかに、キャリアデベロップメントアドバイザーという就職支援のためのカウンセラーもしています。

例えば「早期退職を言い渡されてしまいましたが、この先どうしたらよいでしょうか？」や、「転職をしたいのですが、私にはどんな仕事が合うのでしょうか？」という方に、ぴったりな働き方を支援する仕事です。

そのときに、どこの組織でも通用する力＝「エンプロイアビリティ」がものを言います。つまり**「雇用される能力」**です。私はその土台となるものを**「人間力」**と考えています。

エンプロイアビリティには、コミュニケーション能力や問題解決能力など、さまざまなものが含まれているのですが、その中でも**「周りにプラスの影響を与える力」**＝「人間力」は、どこの組織でも求められる力なのです。

ですから、あなたが後輩を育てることになったときには、その企業特有の技術を教えることも大切ですが、そればかりではなく「どこの組織でも通用する力」も同時に高めていってあげてほしいのです。

「人間力」は、部署が変わっても、転職しても、どこの職場でも通用します。

仕事では、マニュアルや手順書にはないようなこと、教えてもらっていないことなど、臨機応変に対応しなければいけないことが雪のように降ってきます。現場で先輩や上司、またはお客様に教えてもらったりして、さらなる成長（＋α）をしていくのです。

現場で力をつけて成長していくためには、周りの人の知恵を借りたり、知恵を出し合って協力したりする力が基本になっていきます。

根拠のない自信があって、相手の意見を素直に聴けなかったり、相手とのコミュニケーションがうまくいかずに、知恵を借りられなかったりするのでは、思うような成長ができない可能性が大きいのです。

人間力を大きくしよう

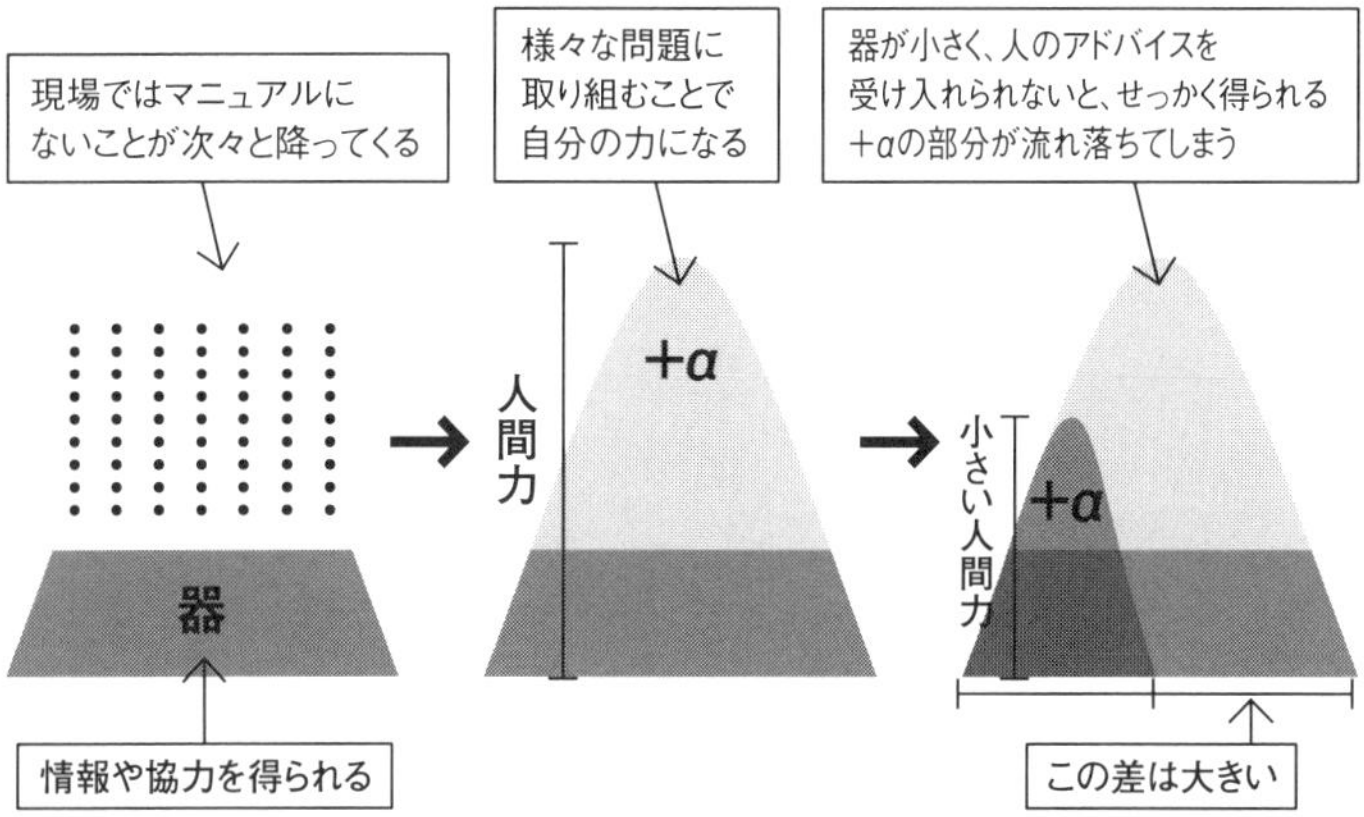
現場ではマニュアルにないことが次々と降ってくる
様々な問題に取り組むことで自分の力になる
器が小さく、人のアドバイスを受け入れられないと、せっかく得られる+αの部分が流れ落ちてしまう
+α
人間力
+α
小さい人間力
器
情報や協力を得られる
この差は大きい

人間力の底辺を広く大きくしておくことで、たくさんの情報や人脈ができ、さらなる臨機応変な対応ができていくのです。私はこの**人間力の底辺を**「**器**」と呼んでいます。この「**器**」**が大きければ大きいほど、どんどん自分の人間力の頂点が高くなる可能性が高く、揺るぎないものとなっていく**のです。

(3) 予期せぬ出来事への対応はどうする?

「なりたい自分」を実現するために意識したいことの3つ目に、プランドハプンスタンスという考え方があります。プランドハプンスタンスとは、予期していなかった突然の出来事のことです。

　目標にしている10年後の未来までの間には、自ら仕掛けたものではなく、人事異動や組織改編など、会社側の都合で環境が変化することもあるでしょう。

しかし、そんな予期せぬ出来事があったことによって、自分の人生にプラスになることもあります。そのときにはつらかったり、大変でも、時がたって振り返ると**あのときのピンチは、今の私をつくるために無くてはならないこと**だったのか、と思える出来事があります。

また、そう思えるように、ピンチのときも、一所懸命にもがくことが大切です。

どうしてもつらいとき、思うようにいかないときは、自分は今キャリア形成の「節目」にいるのだととらえてください。

もがいていると、必ず誰かが助けてくれます。それを素直に受け取って、ピンチをチャンスにできるようにしていくことで、さらに深い仕事、人生が待っています。

(4)身近にお手本となる人を見つける

「真似る」は「学ぶ」の語源ですから、「なりたい自分」を実現するために、身近な先輩のいいところを、どんどん取り入れたいですね。しかし、こう言うと必ず、「職場にいい先輩や上司がいない！」と嘆く方が出てきます。

周りの人の悪いところしか見えていないのだとしたら、要注意です。悪いところばかりにピントを合わせると、いい部分にピントが合わないので、余計にいいところが見えなくなってしまいます。

同じ職場にいるだけでは、知らない間に視野が狭くなってしまっていることがあります。その状態から抜け出すために、思い切って異業種交流会やセミナーに参加してみるのもお勧めです。このような会に参加する方は、志が高かったり、いずれは起業したいという方もいたりして、たくさんの刺激をもらえます。はじめは好奇心だけでいいのです。

このステップが踏み出せたら、次の知らない世界に足を踏み入れることが楽になります。次のステップは、その場で気になる方と、勇気を出して名刺交換してみることです。

今、自分の身の周りにいる人を見れば、自分の今のステージが見えると私は考えています。会社の文句を言っている人の周りには、必ずそれに賛同して文句を言う人が集まります。「この困難を皆で何とかしないか！」と呼びかける人には、何とか頑張りたいという人が自然に集まってくるのです。

(5) 意識のアンテナを立てる

「なりたい自分」を実現するためのポイントの最後は、何度も書いていますが「意識のアンテナを立てる」ことです。

ノミを知っていますか？　体長３ミリ程度の小さい虫です。しかしこの虫、自分の体の１００倍の高さまでジャンプができるそうです。そのノミを使った実験があります。

ノミを小さなガラスの箱に閉じ込めます。するとジャンプして逃げようとするのですが、見えない壁や天井にぶつかり、床にたたきつけられてしまいます。ノミが高く飛ぶほど、その衝撃は強いでしょう。

壁がガラスで見えないノミは、これを何度も繰り返すうちに、ガラスの箱から出しても、その箱の高さまでしか飛べないノミになってしまうというのです。

飛べなくなってしまったノミを、もとの飛べるノミにするためには、どうしたらいいでしょうか？　人間に置き換えて考えてみてください。

①「あなたにはすごい力があると言ってみる」
②「飛べるノミと一緒にして飛べることをわからせる」

飛べなくなったノミは、いくら①のように言っても、信じようとしなくなっているので「そんなこと言っても無理なものは無理」とすねてしまうかもしれません。

②の「飛べるノミと一緒にする」もいい答えのようですが、「あなたはいいよね。でも私は飛べない」と言われるのがオチです。

実は、そのノミのいる場所を「ドン」と叩けばいいのです。突然叩かれたノミは、驚いて飛び上がって逃げます。そのときに、自分が飛べていることに気づくのです。

私たちがいる環境は、あなたの成長において、常にベストというわけではないかもしれません。常に刺激のある仕事や、尊敬できる上司や、志の高い先輩ばかりが周りにいるとは限らないのです。

しかし、その環境に甘んじていたり、悲観ばかりしていたのでは、成長のチャンスどころか、自分の力を見つけることもできないかもしれません。

では、どうするのか？　意識のアンテナを高くし、ノミのいる場所を叩いた人のように、あなたの力に気づかせてくれる場所や人を探すのです。出会いを待って、現われないのであれば、こちらから探しに行きましょう。待っているだけでは、出会えないのです。

恋人をつくるときと一緒で、こういう人は、意外と目の前にいたりすることもあります。明日から周りをしっかりと見てくださいね。

この刺激は、セミナーや異業種交流会で得られるかもしれませんし、ビジネスパーソンとして頑張っている友人がもたらしてくれるかもしれません。

あるいは、映画や本かもしれません。意識のアンテナを立てていれば、必ず出会えます。このままいつものアンテナか、もっと成長したいというアンテナを張るか、です。

あなたは一歩リードしています。この本を手に取ってくださっているということは、アンテナがかなり高く立っている状態なはずだからです。

あとは、継続してアンテナを立て続けること。それが先読みキャリアにつながっていきます。

point

明日のための第一歩を、踏み出すかとどまるか選択するのは、
他の誰でもなくあなた。あなた自身が選んで進み続ける道です
さあ、その一歩、今からスタート！

5

すべてが自分磨きのため

車がたくさん通る国道に、小さな小さな、花が咲いています。車の風圧にも耐えながら、凛として咲いています。

職場の環境が悪い、上司は何もしてくれない、会社が……。環境のいい会社、というものは、もしかしたら今の時代そうあるものではないのかもしれません。それならば、今の自分を精一杯輝かせてみませんか？

過去と他人は変えられません。でも、自分と未来は変えられるのです。

point

自分を磨くために始めたいことは何ですか？
自分の価値を高めるために、何から手をつけますか？

おわりに

前著**『「気がきく人」のスマート仕事術』（同文舘出版）**は、若手の方向けに書いたのですが、実際にはマネージャーさんやＯＪＴ担当者、研修担当の方など、たくさんの〝教える立場〟の方が手に取ってくださり、そばに置いて何度も読み返しては、参考にしてくださっているそうです。

そして「もっと早くこの本に出会っていたら、何年も苦労せずに今があったのになあ」「あの本はいつも手元に置いて、仕事がつらくなったら読み返しています！」などの、うれしい言葉をかけてくださいます。

その方たちのためにも、そしてあなたのためにも、本書ではさらに次の段階である「先読みして割り込み仕事をなくしたり、上司との意図と解釈のズレをなくしたり、何度も説明しなくても後輩が育つ魔法の時間の創り方のコツ」をお伝えしました。

先読み仕事をすることで**「主体的に築く未来」**を選ぶのか、大きな流れに身を任せたまま**「漫然と迎える未来」**を選ぶのかは、自分次第なのです。

有名なたとえ話に、お湯の中のカエルの話があります。熱いお湯の中にカエルを入れるとびっくりして飛び出してきます。でも水の中にカエルを入れ、それをゆっくり温めていくと、カエルは気づかずに死んでしまう、という話です。

変化は知らず知らずのうちに起こっています。その**変化に気づき、自ら敏感に反応し、**先を見据えた働き方をしていかなければ、このカエルのようになってしまいます。

まずは、身の周りの障害を取り払って、自分起点でできることから、働きやすい職場にしていきませんか？

最後にこの本を手に取ってくださった方に感謝いたします。そして、あなたのやる気に、あるいは不安な気持ちに、少しでも明かりがともるならば、少しの希望が見えるなら、こんなにうれしいことはありません。

私自身は、今、ここに命があること、温かい家があること、家族が健康でいること、仕事ができること、磨き合える仲間がいること、たくさんのお客様に恵まれていること、叱ってくれる先輩がいること、励ましてくれる友人がいること、北川が元気にやっているか、ブログを読んでくださる方がいること、心配してくれる親がいること……などなど、当たり前と思っていていたことが、とても大切にしなければいけないことだったことが、この年になってわかってきました。

この本は、同文舘出版の古市達彦編集長はじめ、津川雅代さん、石川優薫さんのおかげで生まれました。そして、夫のサポートと家族の支え、皆さんの応援があるからこそ、お仕事が順調に続けられています。感謝しています。ありがとうございます。

上司や先輩は変わりません。過去と他人は変わらないから、自分と未来を変えていきましょう！

自分の出方を変えれば、相手も出方を変えてきます。私たちの周りの人は、すべて自分の鏡です。**「鏡は先には笑わない」**のです。

まずは、こちらから微笑みかけましょう。うまくいく人は、周りにプラスの影響を与えることができる人なのです。

あなたならきっとできます。期待しています！

エンパワーモチベーション　代表　北川和恵

【著者略歴】
北川 和恵（きたがわ　かずえ）

エンパワーモチベーション代表
キャリアカウンセラー、人財パワーアッププロデューサー
アナウンススクール講師を経て、人財育成会社にて企業研修・セミナー講師として経験を積み、エンパワーモチベーションを設立。大手セミナー会社や企業・団体での実務研修、ヒューマンスキル研修、また、小売・サービス業を中心に覆面調査・現場指導を行ない、全国で活躍中。元俳優ならではのパフォーマンスと軽快なテンポのトークは、受講者の「気づき」を促すためのネタがふんだんに織り込まれており、個々の問題点を気づかせ能力を最大限に引き出す。豊富な経験に基づきわかりやすく身近な事例を使い、受講者の目線で熱く語りかける講義は、受講者のモチベーションを高め、ポジティブな思考と姿勢、能力を引き出すことで定評がある。研修を実施した多くの企業から、意識改革・自己改善は、頭だけの理解ではなく、行動に移せるようになったと、高い評価を得ている。上司からも受講者の行動が、「わかる」から「できる」「やりたい」に成長したと、満足度・リピート率トップクラスの講師。
著書に『ちょっとした気配りで“期待以上”の仕事をしよう！　「気がきく人」のスマート仕事術』（同文舘出版）がある。

エンパワーモチベーション　北川和恵
講演・研修のお問い合わせはこちらまで
wellcomecat@aa.cyberhome.ne.jp

できる人が続けている「先読み仕事術」

平成 26 年 4 月 30 日　初版発行

著者　北川和恵

発行者　中島治久

発行所　同文舘出版株式会社
東京都千代田区神田神保町 1-41　〒101-0051
営業（03）3294-1801　編集（03）3294-1802
振替 00100-8-42935　http://www.dobunkan.co.jp

©K.Kitagawa　ISBN978-4-495-52701-3
印刷／製本：三美印刷　Printed in Japan 2014
